「スコットランド問題」の考察

憲法と政治から

倉持孝司 [編著]

SCOTLAND

法律文化社

はしがき

　2014年春，イギリス政治研究の梅川正美氏とイギリス憲法を研究対象にしてきた倉持との雑談において，「辺野古問題」に揺れる沖縄のことが話題に上ったことがあった。話題はあちこちに拡散しながら，その沖縄との関連で，「連合王国（UK）」の一部を構成するスコットランドで「独立」問題が熱を帯び，同年９月に実施されることになった「独立レファレンダム」のことが話の中心になった。要するに，「平時」において「独立」が現実味をもって熱心に論じられるというのはいったいどういうことなのだろうかということであった。また，スコットランドで問題となる「ナショナリズム」と日本のそれとは違うのかというようなことも話題になった。そして，話は発展して，「スコットランド問題」に焦点を当てて「憲法と政治」の観点から共同で研究成果を出そうということになった。

　スコットランドの憲法体制を調べ，スコットランド「独立」問題が「独立レファレンダム」実施にまで至る政治過程を追い，「独立」問題を「連合王国」・連邦制との関連で検討し，そして，「スコットランド問題」の根底にあると思われる「ナショナリズム」の問題を調べるという本書のおおまかな構成案を作成した。それに基づいて，スコットランドの政治過程を研究してこられた力久昌幸氏，早い時期から権限移譲（devolution）の憲法問題を調査してこられた松井幸夫氏に加え，いわば現地のエディンバラ大学法学部で長年にわたり教鞭をとってこられたＣ．ヒムズワース（Chris Himsworth）氏，イングランド中央部に位置するウォーリック大学法学部のＪ．マケルダウニィ（John McEldowney）氏に相談をしたところ，それぞれ参加のご快諾をいただいた。なお，ヒムズワース氏は，定評ある基本的テキスト『スコットランドの憲法』*の著者の一人であり，マケルダウニィ氏は，版を重ねている基本的テキスト『公法』**の著者でもある。

　＊ C.M.Himsworth & C.M.O' Neill, *Scotland's Constitution: Law and Practice*, 3rd

ed. (Bloomsbury, 2015)
＊＊J. F. McEldowney, *Public Law*, 4th ed. (Sweet & Maxwell, 2016)

　梅川氏，力久氏とは，数回の編集会議を行い，その都度貴重なご意見・ご教示を頂戴した。また，本書のテーマに大きな関心をもっておられた法律文化社編集部の舟木和久氏が企画当初より関与され，親身になって編集の労をとってくださった。

　現在，スコットランドは，独立レファレンダムの後，UKレベルでのEU離脱レファレンダムを経てBrexit手続が進行し，「多層化された統治」が大きく変容しようとするなかにあって，より直接的には権限移譲制度の下でのスコットランド議会・執行部の権限がEU離脱法案によって重大な修正を受けようとしているが，事態は流動的である。

　本書の原稿は2017年夏の終わりには大方でき上がっていたが，その後のBrexit手続の進行を横目で見ながらの編集作業に手間取っているうちに刊行が遅れてしまった。そのため関係各位にご迷惑をおかけすることとなったことに対してお詫びを申し上げる。

　最後に，厳しい出版事情のなか，本書に意義付けをしていただいた法律文化社に感謝を申し上げる。

2018年3月

執筆者を代表して
倉持　孝司

目　次

はしがき

序　章　「スコットランド問題」の考察 ────────── [倉持 孝司] 1
　　　　■2014年独立レファレンダムが提起したこと

第1章　スコットランドの憲法 ──────────── [倉持 孝司] 9
　　1　はじめに　9
　　2　スコットランドと権限移譲　11
　　3　1707年「連合」　15
　　4　おわりに　27

第2章　スコットランドと連合王国 ────────── [力久 昌幸] 41
　　　　■歴史的, 政治的文脈から見た分離独立レファレンダムへ向けた動き
　　1　はじめに　41
　　2　連合国家としてのイギリス　42
　　3　1979年レファレンダム──権限移譲の挫折　44
　　4　1997年レファレンダム──権限移譲の実現　46
　　5　権限移譲の拡大と分離独立問題の浮上　49
　　6　2014年分離独立レファレンダム　52
　　7　おわりに　55

第3章　スコットランドへの権限移譲と
　　　　その法制度的展開 ─────────────── [松井 幸夫] 63
　　1　はじめに　63
　　2　スコットランド権限移譲前史　63
　　3　スコットランド権限移譲とその枠組み　65
　　　　──1998年スコットランド法

iii

  4 スコットランド権限移譲の展開(1) 70
    ——2012年スコットランド法

  5 スコットランド権限移譲の展開(2) 73
    ——2016年スコットランド法

  6 スコットランド権限移譲と連合王国（UK）憲法 76

  7 むすびにかえて 78

第4章 スコットランドへの権限移譲と
    連合王国・Brexit ──────［ジョン・マケルダウニィ］85
             ［翻訳・倉持 孝司］

  1 はじめに 85
  2 スコットランドとUKとの間の財政上の調整 86
  3 憲法上の諸問題とUK最高裁判所 89
  4 UK最高裁判所が事案を検討するための手続 90
  5 スコットランド権限移譲と裁判所 91
  6 UK最高裁判所と権限移譲 92
  7 スコットランドとEU 98
  8 スコットランド——将来の諸問題 100
  9 結　論 103

第5章 連合王国・スコットランドにとっての
    連邦制の将来 ──────［クリス・ヒムズワース］107
           ［翻訳・倉持 孝司］

  1 はじめに 107
  2 1969-1973年統治構造に関する王立委員会 108
  3 連邦制の憲法的「魅力」 112
  4 連邦制の短所 115
  5 結　論 120

第6章 スコットランドのナショナリズム ────［梅川 正美］125

  1 はじめに 125
  2 スコットランドの政治システム 126
  3 モノ・ナショナリズムと，ハイブリッド・ナショナリズム 129

目　次

  4　プレスビテリアニズム　132
  5　カトリックとプレスビテリアニズム　136
  6　移住者とナショナリズム　142
  7　再び政治システムについて　147
  8　レトリックとしての，モノ・ナショナリズムとハイブリッド・ナショナリズム　149
  9　まとめにかえて　152

終　章　二つのレファレンダムと
　　　　　「スコットランド問題」　────────［倉持 孝司］157

本書関係のスコットランド年表

索　引

序　章
「スコットランド問題」の考察
■2014年独立レファレンダムが提起したこと

倉持　孝司

(1)　スコットランドは，独立国家となるべきか

(Should Scotland be an independent country?)

　スコットランドでは，この問いに対する答えを求めて，UK有権者全体でもなく「スコットランド人」でもなく，スコットランドにおける選挙権資格を有する住民（ただし，16歳以上にまで拡大）を投票権者としてレファレンダムが実施された。2014年9月18日のことである。結果は，賛成161万7989票，反対200万1926票であった（投票率，84.6%）。もし結果が逆であったとするならば，1707年以来の「『連合王国におけるスコットランド』という問題は歴史的な話となってしまったかもしれない」のである[1]。

　世界的な過去の例と異なって，「独立」を導くような明白な「抑圧（oppression）」というようなものがあったわけではない「成熟した民主主義国家」に属する国の「一部分」で，長期にわたる精力的な議論を経て，中央政府も合意した上で，当該「部分」の住民による独立レファレンダムが実施されるというのは少なくとも尋常なことではない。

　国の「一部分」が，中央政府との関係で，「構造的差別」を押し付けられていると感じ，特定のイデオロギーを超えて当該「部分」の「アイデンティティ」を主張し始め，それが「自己決定権」を根拠に，限定的な「自治」を超えて「主権」に関わる主張を行うに至ったような場合，当該「部分」の将来はいかにあるべきかに関する公の精力的な議論を経て，当該「部分」の「自己決定」の主張を平和的・民主的な手段で解決する方法があるのか，という日本をも意識した問いをもってスコットランド独立レファレンダムを観察することは可能だろうか[2]。

(2)　スコットランドの選択肢

　スコットランド独立レファレンダムは，より直接的には，スコティシュ・ナ

I

ショナル党（Scottish National Party，以下SNPと言う）の勢力伸長（とくに2011年スコットランド議会選挙における絶対多数の議席獲得），あるいは1970年代以来の権限移譲（devolution）をめぐる論議の展開を背景にしている。しかし，より一般的には，1998年スコットランド法（Scotland Act 1998（c.46））によって実行に移された権限移譲は「領域的憲法（territorial constitution）[3]」に対するインパクトなどさまざまなレベルの問いかけを含むものであり，権限移譲の背景には「統治権限は，どこに置かれるべきか[4]」，あるいは単一国家，連邦制，権限移譲のどれを選択するか（いずれも，EUとの関係をどうするかという問いを含む）というようなより大きな問いも存しているであろう。いわゆる新自由主義のイデオロギー[5]は，経済・福祉の事項への政府の関与のあり方を問題にしたが，国家の空間的規模縮小の過程において，一方で，統治のいくつかの機能は超国家的レベルに移行され（統合を進めるEU），他方で，いくつかの機能は地方・地域へ移動されており（分権化），結果，「多層化された統治（multi-leveled government）」が展開している。EUの進化は，より大きな市場へのアクセスを維持しつつ自治を保持しうる「小さな国家」と適合的なのであろうか[6]。そうだとすれば，権限移譲も一つの回答であろうが，スコットランドにとって「ヨーロッパの中の独立国家[7]」というのはありうる選択肢だということになろう。

(3) 「スコットランド問題」の原点

スコットランドの場合，以上のような「国家」のあり方という観点からすると，「1707年の連合体制の意味が争われ続けている[8]」という問題にたどり着くようである。

1707年「連合（Union）」は，イングランドの観点からすると，イングランドがスコットランドを「編入する連合（incorporating union）」だということになるが，スコットランドの観点からすると，議会「連合」であり，政治的独自性は減少したかもしれず，経済政策や福祉の領域では「同化（assimilation）」が進んだとしても「差異化（differentiation）」は持続しており，「法，教育および教会という『三つ組』」を含めてスコットランドの独自性は保持されており，「スコットランドのアイデンティティ」は失われていないということが重視されることになる[9]。ここでは，「連合」における「統一性（unity）」と「多様性（diversity）」との緊張関係が問われるが，それが「UKを横断して多くの市民が感じるアイデン

ティティの混合 (mixture)」に反映され，ナショナルなアイデンティティは各ネイションにおいて強力であり，それが「ブリティシュ」としてのアイデンティティといかに関係し合うかはネイションごとにさまざまであるとされる。なお，UKの場合，その構成部分間の「連合」として形成されてきたことから，UKには三つの別個の領域的裁判権 (territorial jurisdiction) が存し，イングランド・ウェールズ，スコットランドおよび北アイルランドはそれぞれの裁判所制度および司法部の長官を有しており，「司法」権限は歴史的に高度に「分権化」していることがあらためて注目される。

スコットランドに関しては，1707年「連合」以来 (とくに，19世紀後半の大衆政治の出現以来)，「ナショナルな問題に関して三つの政治的伝統」が存するとして，「ユニオニズム」，「自治あるいは権限移譲」および「独立」が挙げられる。ただし，ここで，「ユニオニズム」は「同化主義的 (assimilationist)」なものではなくて，ナショナルな多様性を受容するものであり (20世紀には労働党と結びついた「福祉ユニオニズム (welfare unionism)」という形で新たな要素が加わった)，「自治あるいは権限移譲」は保守党・労働党のユニオニストが反対して来たが，20世紀末にようやく受け容れられたものであり，また，「独立」は1970年代までは重要な選択肢とはならなかったが，スコットランド政治の背景には常に存在して来たものであると言われる。さらに加えて，今日，「最大限の権限移譲 ('devo-max')」が論じられているが，その意味するところは必ずしも明確ではないようである。また，権限移譲の実施・進展とともにさらに (準) 連邦制も選択肢の一つとして論じられている。

今日，「UKの領域的憲法は，流動化状態にある」と言われ，権限移譲が進展する中で「連合自体の安定性についての関心が増大しつつある」とされる。そこで問われるのが，権限移譲についての歴代政府の「受け身的な断片的アプローチ」であり，それによって，権限移譲制度が全体としての「連合」に対して与える累積的なインパクトについて十分な検討が行われないまま権限移譲が進展することとなっていると指摘される。言い換えると，「連合」の各構成部分の独自性を考慮しつつ実施された権限移譲は「不均一性 (asymmetry)」を大きな特徴としており，それは「領域的憲法に対する憲法上の変更がUKの非成典化憲法すなわち『不文』憲法の範囲内において行われた」ことに依るとされる。

(4) UKは，EUの一員にとどまるべきか

　こうして進展し続ける権限移譲は，「ある程度の独立性を確保するものであるが，ただし，UKの範囲内においてのものである」という二つの要求に対応しようとするものであるとしても，UKの構成部分である各ネイション間の「結びつき」，あるいは権限移譲された政府とUK政府との関係に関わる「連合」の問題にどう対処するのかが問われる。権限移譲が強力な「遠心力 (centrifugal forces)」を働かせUKを解体させるのか，UKの憲法上の制度配置がそれを相殺するほどの「求心力 (centripetal forces)」を働かせ「連合」を維持するのか。[17]この点で注目されるのは，2014年9月18日スコットランド独立レファレンダムだけでなく，「UKは，EUの一員にとどまるべきか，または，EUのもとを去るべきか (Should the United Kingdom remain a member of the European Union or leave the European Union?)」を問うた2016年6月23日EU離脱レファレンダムが提起する問題である。

　というのは，権限移譲はUKがEUの一員であるということの上に制度化され，スコットランド独立レファレンダムもそれを前提にして実施されたのだからである。すなわち，UKの憲法の範囲内で，主権的であるウェストミンスター国会とスコットランド議会との権限関係は，いわゆる「留保権限 (reserved powers)」モデルに依っている (1998年スコットランド法 (Scotland Act 1998 (c.46)) 29条)。[18]それは，「一対一の関係」に見えるが，権限移譲制度はUKがEUの一員であるという文脈において形成されたものであり，したがってEU法の至高性を反映していることから「三面関係」となっており，そこでは実際上多くの重要な決定はウェストミンスターでもエディンバラでもなくブリュッセルにおいて行われている（スコットランド議会は，EU法に反する立法を行うことを禁止されている〔1998年スコットランド法29条2項d号〕）。そして，EU法の至高性およびEU司法裁判所による同法の解釈が，多くの分野においてUKを横断して法的・規制的規準の一貫性を確保して来た。[19]そうだとすると，EU離脱レファレンダムによるEU離脱決定 (Brexit) は，権限移譲制度の基礎に関わる憲法的・政治的諸問題を提起することになる。[20]

　さらに問題を複雑にするのは，EU離脱レファレンダムの結果である。というのは，イングランドでは投票者の53.4%（投票率73.0%）が離脱を支持したが（ウェールズでは52.5%〔投票率71.7%〕が離脱を支持），スコットランドでは反対に

4

62.0%（投票率67.2%）が残留を支持し（北アイルランドでは55.8%〔投票率62.7%〕が残留を支持），UK全体では51.9%（投票率72.2%）が離脱を支持するという結果になったからである[21]（その際，スコットランド政府，スコットランドの主要諸政党およびスコットランド議会議員の多数も残留を支持した[22]）。こうして，UKの4つのネイションの人びとが思い描く憲法（UKという国家の基本構造）上の将来像は同一ではないことが示されたと評されるのである[23]。

(5) ポストEU離脱レファレンダム

EU離脱レファレンダムの結果を踏まえて，スコットランドのN.スタージョン（Nicola Sturgeon）首相は，「EUおよび特に単一市場において継続的地位を確保する……ためにあらゆる可能な手段を講じる」とし，「2014年に優勢であった状況に重大かつ実質的な変化」が生じたことから第二次スコットランド独立レファレンダム（IndyRef2と呼ばれる）が考慮されると述べた[24]。2016年12月には，スコットランド政府は『ヨーロッパの中でのスコットランドの位置（Scotland's Place in Europe）』と題する文書を公表し，UK全体がヨーロッパ単一市場に残留すべきであるが，それができない場合には，スコットランドはいかにして単一市場の構成員であり続け，EUの構成員であることの重要な利益を保持することができるかを述べた[25]。また，2017年3月13日には，首相は，UK政府はUKが単一市場の構成員であることをスコットランド政府との事前協議なしに不可能にしたことを非難して，第二次独立レファレンダムを求める意向を表明した[26]（時期は，Brexitの条件が明確になった後，しかし，Brexitが効果を発する前の2018年後半か2019年[27]）。しかし，2017年6月8日総選挙においてSNPは21議席を失ったことを踏まえて，首相は，「独立レファレンダムの問題が今回の選挙結果の一要素であった」ことを考慮して，第二次独立レファレンダムの提案を棚上げするとした[28]。しかし，事態は流動的である。

こうして，スコットランドにおいて投票者の多数は，独立レファレンダムにおいてはEUの構成国であることを前提にUK残留を選択し，EU離脱レファレンダムにおいてはEU残留を支持したにもかかわらず，UK全体ではEU離脱（Brexit）が支持された結果，Brexit手続きが進行することとなり，スコットランドはきわめて不安定な地位に置かれることとなった。それはまた，「連合王国」全体の将来像が不透明だということでもある。

以上のことを踏まえて，本書は，進行中のBrexitとの関係で「スコットランド」の将来を占おうとするものではなく，2014年独立レファレンダムが提起した問題を「スコットランド問題 (Scotland Question)」としてとらえ，憲法・政治の観点からその問題の背景・現状等につき幅広く検討しようとするものである。そのために，第1章では，従来，「UKの憲法」は主に専らイングランドの観点から論じられてきたが，それは1707年「連合」についても同様であったとの認識に基づいて，「スコットランド問題」を検討する前提としてあらためて「イングランドの憲法」との対比での「スコットランドの憲法」という観点から，とくに1707年「連合」が提起する憲法上の論点を概観する。第2章では，UKの「連合王国」としての歴史的成り立ちを確認し，1979年と1997年の二つのレファレンダムを経験した後にようやく実現した権限移譲の進展を経て，2014年独立レファレンダムに至る政治過程を分析したうえで，スコットランド独立問題の行方について検討する。これを受けて，第3章では，1998年スコットランド法によって導入された権限移譲制度が次第に「進化」あるいは「深化」し2016年スコットランド法 (Scotland Act 2016 (c.11)) の制定に至る権限移譲の法制度的展開の過程を概観し，権限移譲の現段階と特徴を整理することを通して「スコットランド問題」にアプローチする。第4章では，「UKの憲法」を専門とする現地の研究者の観点から，権限移譲制度が提起するUK憲法上の諸問題を取り上げ判例分析も踏まえながら「スコットランド問題」の法的側面を内在的に検討し，第5章では，「スコットランドの憲法」を専門とする現地の研究者の観点から，権限移譲制度に代わる選択肢の一つとして位置づけられうる連邦制の可能性について「UKの憲法」の文脈で検討し「スコットランド問題」の将来的展開の可能性を論じる。そして，第6章では，本書は「スコットランド問題」を2014年独立レファレンダムに収斂させているが，その場合，「連合」か「分離・独立」かという選択肢の背景にはスコットランドの独自の政治システムの存在があり，またスコットランドのナショナリズムの複雑な分岐と相互作用とがあるのではないかという観点から「スコットランド問題」に迫る。終章では，2014年独立レファレンダムの後に実施された2016年EU離脱レファレンダムの結果進行するBrexitがスコットランドに提起する問題に言及し「スコットランド問題」が一層複雑化しつつあることを指摘する。

【注】

1 クリス・ヒムズワース(松井幸夫訳)「連合王国におけるスコットランド」倉持孝司・松井幸夫・元山健編著『憲法の「現代化」——ウェストミンスター型憲法の変動』(敬文堂, 2016年) 273頁。
2 M.Keating & N.McEwen, "The Scottish Independence Debate", in M.Keating ed., *Debating Scotland: Issues of Independence and Union in the 2014 Referendum* (Oxford University Press, 2017), pp.1-2, 200.
3 とりえず、「領域的憲法」とは、「その構成要素の権限および関係を規律する憲法上の制度配置」であるとされる (M.Elliott & R.Thomas, *Public Law*, 3rd. ed. (Oxford University Press, 2017), p.297.)。詳しくは、N.Walker, "The Territorial Constitution and the Future of Scotland" in A.McHarg, T.Mullen, A.Page & N.Walker eds., *The Scottish Independence Referendum: Constitutional and Political Implications* (Oxford University Press, 2016), p.247.「領域」の観点からスコットランドの権限移譲に関して、山崎幹根『「領域」をめぐる分権と統合』(岩波書店, 2011年)。
4 Elliott & Thomas, n(3), pp.298-299.
5 A.Le Sueur, M.Sunkin & J.E.K.Murkens, *Public Law: Text, Cases and Materials*, 3rd ed. (Oxford University Press, 2016), pp.162-163.
6 Keating & McEwen, n(2), pp.3-4. S.Tierney, "Expert commentary" in Elliott & Thomas, n(3), p.333.
7 N.MacCormick, "Is There a Constitutional Path to Scottish Independence?" (2000) 53 *Parliamentary Affairs*, pp.721, 723.
8 Keating & McEwen, n(2), pp.4-5. 1707年「連合」から生じる憲法上の難問は、激しい論争事項であり続けている (C.Kidd, *Union and Unionism: Political Thought in Scotland, 1500-2000* (Cambridge University Press, 2008), p.85)。
9 Keating & McEwen, n(2), p.5. UKを構成する4つのネイションの「連合」は、各ネイションの歴史によって影響を受け、「統一性」と「多様性」との間の緊張関係を生じさせ (House of Lords Select Committee on the Constitution, 10th Report of Session 2015-16, The Union and devolution, HL 149, 2016, para.10)、この「統一性」と「多様性」という競合する概念が「UKの領域的憲法」および「UKの市民がいかに連合と自己を同一視するか」を理解する際に最も重要なことであるとされる (para.33)。
10 House of Lords Select Committee on the Constitution, n(9), paras.34-35, 36, 41.
11 Le Sueur, Sunkin & Murkens, n(5), pp.174, note 11, 570. A.W.Bradley, K.D.Ewing & C.J.S. Knight, *Constitutional and Administrative Law*, 16 th ed. (Pearson, 2015), p.30. スコットランドのナショナル・アイデンティティの感覚は、言語、宗教あるいは民族性についての独自性というより、「制度的な」独自性 (とくに重要なものとみなされたのがスコットランドの法制度の独自性) に大きく依存したとされる (A.McHarg, "Public Law in Scotland: Difference and Distinction" in A.McHarg & T.Mullen eds., *Public Law in Scotland* (Avizandum Publishing, 2006), pp.3-4)。「連合」によって、スコットランド「公法」のイングランド「公法」への同化が要求されたわけではなかった (J.D.B.Mitchell, "Government and Public Law in Scotland" in J.A.Andrews ed., *Welsh Studies in Public Law* (University of Wales Press, 1970), p.65)。
12 「ユニオニズム」について、Kidd, n(8)。
13 今日、「社会的シティズンシップ」の位置づけが問題となっている (山崎, n(3), p.73)。

7

14　Keating & McEwen, n(2), p.7.
15　House of Lords Select Committee on the Constitution, n(9), paras. 1-3. 1973年統治構造に関する王立委員会報告書は、国会の至高性を確認しつつ、「憲法におけるもっとも基本的な変更を立法化する場合ですらいかなる特別な手続きも要求されていない」としていた (Royal Commission on the Constitution 1969-1973, Vol.Ⅰ, Report, Cmnd.5460 (1973), para.56)。しかし今日、法律家は、「国会主権にはさまざまな制約が課されており、そこには1707年連合の地位の問題も含まれる」ことに気付くようになってきたとされる (Kidd, n(8), p.131.)。
16　Tierney, n(6), p.333.
17　Elliott & Thomas, n(3), pp.298, 330. 統治構造に関する貴族院特別委員会報告書は、「連合」の維持・強化の観点から、5つの重要な要素が、UKを構成する各ネイションに利点を提供し、4つのネイションの人びとを「一つの国の市民」として統一するとする。これら5つの要素とは、「経済的連合」、「社会的連合」、「政治的連合」、「文化的連合」および「安全保障・国防連合」である (House of Lords Select Committee on the Constitution, n(9), para.71)。「憲法改革グループ (Constitution Reform Group)」による「新たな連合法 (A new Act of Union)」およびビンガム・センターによる「連合憲章 (A Charter of Union)」の試みについて、House of Lords Select Committee on the Constitution, n(9), paras.250-252, 257 and Annex B, Draft Charter of the Union from the Bingham Center for the Rule of Law, para.132.「連合憲章」を含む提案の詳細は、Bingham Center for the Rule of Law, *A Constitutional Crossroads: Ways Forward for the United Kingdom*, British Institute of International and Comparative Law, 2015.
18　House of Lords European Union Committee, 4th Report of Session 2017-19, Brexit: devolution, HL Paper 9, 2017, para.22.
19　House of Lords European Union Committee, n(18), paras.26, 36.「留保権限」と「移譲された権限」との区別は、とくに2016年スコットランド法による「重複し共有された権限 (shared competence)」の拡大によって複雑化しているとされる (para.28)。
20　House of Lords European Union Committee, n(18), para.2.
21　House of Lords European Union Committee, n(18), Table 1, p.5.
22　House of Lords European Union Committee, n(18), para.144.
23　Elliott & Thomas, n(3), p.298. スコットランド政府は、「UKの異なるネイション間での民主的意思における明確な分岐は、UKにおける政治権力行使の方法の再検討を要求している」と受け止めた (N.スタージョン〔Nicola Sturgeon〕首相) (The Scottish Government, Scotland's Place in Europe, (Edinburgh, 2016), p.ⅴ)。
24　House of Lords European Union Committee, n(18), para.145.
25　The Scottish Government, Scotland's Place in Europe, n(23), Chapter Five: Conclusion, paras.190-201.
26　House of Lords European Union Committee, n(18), para.147.
27　House of Lords European Union Committee, n(18), para.6.
28　House of Lords European Union Committee, n(18), para.150. スコットランド政府の意向は、独立国家としてEUの構成員であり続けることであるが、EU側の考えは、独立したスコットランドは「EUに関しては第三国」となり、それ故、EUの構成員となるためには申請が必要だというものであるとされる (「バロッソ・ドクトリン〔Barroso Doctrine〕と呼ばれる) (House of Lords European Union Committee, n(18), para.152)。

第1章
スコットランドの憲法

倉持　孝司

1　はじめに

　イギリスにおける代表的憲法教科書を参照してみると，概略次のようである。
　スコットランドは，中世の間，イングランドからの独立を維持していた。エリザベス女王没後，1603年にスコットランド国王ジェイムズ6世がイングランド国王ジェイムズ1世となり「同君連合（personal union）」が成立し，以後，スコットランドおよびイングランドで出生した者は同一の国王に忠誠を誓うこととなった（ただし，別個の統治の諸制度は維持された）。その後，17世紀，O.クロムウェル（Oliver Cromwell）の下での短期間，イングランド，スコットランドおよびアイルランドから成る共和国（Commonwealth）は単一の立法部・執行部に服した時期があったが，それ以外はスコットランドとイングランドという「二つの国家の憲法は連合されたわけではなく，イングランド議会とスコットランド議会とは別個の存在であり続けた」。1688年の国王ジェイムズ7世（2世）の王位剝奪後，スコットランド議会とイングランド議会の対立を経て，1704年にはスコットランド議会はアン女王後の王位継承者について自己主張を行ったのに続いて，イングランド政府の強いイニシアティヴの下，スコットランド議会とイングランド議会はそれぞれを代表する委員団（女王が任命）に交渉を授権し，結果，「連合条約（Treaty of Union）」が起草された。それは，イングランド，スコットランドそれぞれの議会が制定した二つの連合法によって承認された（Union with England Act 1707 (c.7), Union with Scotland Act 1706 (c.11 6 Ann)）（同時に，スコットランドにおけるプレスビテリアン教会の統治を維持するための法律〔Protestant Religion and Presbyterian Church Act 1707 (c.6)〕が制定され条約に編入さ

れた)。1707年5月1日,「連合条約」は発効し,イングランドおよびスコットランドという二つの王国は,「グレイト・ブリトゥン」という名称の一つの王国に「連合」された (United Kingdom of Great Britain)。これによって,王冠は,アン女王の没後,ハノーバー家の血統に継承されることとなり,また,「グレイト・ブリトゥン国会」が新たに設置されることとなった(この新たな国会の構成員は,「連合」以前のイングランド議会の議員に,16名のスコットランド貴族,スコットランド選挙区から選出された45名の庶民院議員が追加される形で構成された)。この「連合条約」には,広範囲の財政上,経済上の諸条件が含まれるとともに,スコットランドの「私法 (private law)」(18条) および裁判所 (19条) の継続が保証されるなどした。この「連合」は,「編入連合 (incorporating union)」と呼ばれるが(連邦制度を確立したわけではないし,それまでのスコットランドおよびイングランドの立法部の役割を維持したわけでもない),スコットランドの諸制度には広範囲な保証が与えられた,と[2]。

　このように,イングランド王国との「連合」以前のスコットランド王国には「スコットランドの憲法」が存在したが,1707年スコットランド王国はイングランド王国との「連合」により「グレイト・ブリトゥン」という名称の一つの王国を形成し「グレイト・ブリトゥン連合王国 (United Kingdom of Great Britain)」の一構成部分となり,現在では「グレイト・ブリトゥンおよび北アイルランド連合王国 (United Kingdom of Great Britain and Northern Ireland)」(以下,UKと言う)の一構成部分である。したがって,UKという国家に存在する憲法は「UKの憲法」であり,「スコットランドの憲法」が別個のものとして存在するわけではない。それどころか,イングランドの法律家の観点からすれば,「連合の憲法」の多くを実際に供給したのはイングランド法であり,その後の「UKの憲法は,本質的にイングランドの憲法と同一である」とされる[3]。スコットランドの裁判官も,ある判決の中で,「スコットランドの憲法は1707年以降イングランドの憲法と同一であるので,同一の憲法上の諸原則がイングランドおよびスコットランド双方において適用されるという仮定が存する」と述べた[4]。

　しかし,今日,UKの中央政府は,国会主権原理を通して,一方で,1973年超国家的組織EC (EU) に加盟し(それに対応する法的措置として,1972年ECに関する法律〔European Communities Act 1972 (c.68)〕を制定),他方で,1990年代末以降UK

の各構成部分に権限移譲(Devolution)を実施して来ており(Devolution Acts),その結果,地方レベル――権限移譲レベル――全国レベル――超国家レベルから成る複雑な「多層化された統治(multi-leveled government)」の展開を見ることとなり,その中でスコットランドの「UKの憲法」上の地位が「独立」を含めて重大な争点となっている。とくに権限移譲の進展は,「連合王国」という国家のあり方を問い直す意義を有するものであるだけでなく,「領域的連合(territorial union)」および国会主権原理を基礎とする「UKの憲法」に根本的な変更を迫る可能性を含むものとなっているように思われる。本章では,こうした問題を「スコットランドの憲法」の観点から整理してみようとしている。

2　スコットランドと権限移譲

　1990年代,労働党は,当時の長期に及ぶ保守党政権に対する対抗戦略としても,それまでの「憲法上の保守主義(constitutional conservatism)」を変更して「憲法改革」を政策の柱の一つとするに至った。1997年労働党の政権復帰後,T.ブレア(Tony Blair)首相の下で実行された多くの「憲法改革」の中で「1998年人権法(Human Rights Act 1998 (c.42))」と並んで最重要の成果の一つと評されるのが1998年の権限移譲法(Devolution Acts)の制定であり,スコットランドの場合,「1998年スコットランド法(Scotland Act 1998 (c.46))」によって権限移譲が実施された。なお,同法制定に先立って,1997年レファレンダムが実施され(Referendums〔Scotland and Wales〕Act 1997 (c.61)),スコットランドにおいては,スコットランド議会設置に投票者の74.3％が賛成し,スコットランド議会の所得税率変更権に同じく63.5％が賛成した(投票率60.4％)。

　しかし,1998年スコットランド法制定の背景には,それに至る前史があった。直接的契機として挙げられるのは,1960年代後半から70年代初頭にかけてのナショナリストの支持の増大を背景に,以後,スコットランド独立を掲げるスコティシュ・ナショナル党(Scottish National Party,以下,SNPと言う)が重要な政治勢力に成長したことである。このことは,「UKにおける政治的忠誠についての一般化が自動的にイングランドの境界線を超えて拡がることができるわけではないということを思い出させるものである」と言われる。当時のウィ

ルソン労働党政府は，スコットランドにおけるSNPの勢力拡大に対する政治的応答あるいはスコットランドにおける労働党にとっての政治的脅威の源泉への対応という側面を持ちつつ，1969年「連合王国におけるさまざまなカントリィ，ネイションおよびリージョン (countries, nations and regions) との関連で中央の立法部および政府の現行の機能を調査する」(para.11) ことを付託事項として「統治構造に関する王立委員会 (Royal Commission on the Constitution)」(通称，キルブランダン〔Lord Kilbrandon〕委員会) を任命した。[12] その報告書は1973年に公表されたが，委員会任命の背後にある「主たる意図」は，政府の諸機能の行使に対する責任を国会および中央政府からUKにおけるさまざまなカントリィおよびリージョンにおける新たな統治の諸制度へと移転することすなわち権限移譲を行うという主張の根拠を調査することだとして委員会の調査対象に言及した (para.13)。[13] 同報告書は，スコットランドについて，とくに経済的繁栄が思うような水準で達成されないことを背景にした中央政府に対する不満がナショナルな感情を呼び起こし，それは独自のアイデンティティを承認するような統治システムへの変更を望む声となっていることを指摘した (Part II, chap.10)。さらに，それは公選議会を望む声と結びつくが，とくにスコットランドにおいては独自の法制度を前提に，スコットランド法 (Scots law) に対する中央の不十分な理解に対する不満が存しているとした (paras.373-374)。そして，権限移譲について，統治の過度な中央集権化に対する対抗となり，ナショナルな感覚への応答になるなどとして (para.1102)，権限移譲を実施することを委員の多数が支持した (Part VIII)。

　これを受けて，労働党政府は，別個の法制度を有するスコットランドが独自の立法を必要としていることを考慮して，立法権限を有する公選議会設立の方針を掲げ，[14] 法案を提出した。その後，紆余曲折を経て，1978年，労働党政府は，権限移譲法案を成立させたが，その際，同法の実施要件としてスコットランドにおける有権者の40％による承認が必要だとしていた。国王の同意を経た同法は，「1978年スコットランド法の諸規定の実施を望むか (Do you want the provisions of the Scotland Act 1978 to be put into effect?)」を問う1979年レファレンダムに委ねられた。しかし，有権者の40％の支持という実施要件をクリアーすることができず，サッチャー保守党政権の下で同法は廃止措置がとられた (ただし，同レ

ファレンダムにおいて投票者の多数〔51.6%（投票率63.6%）〕は権限移譲の実施を支持していたことが注目される）。その後，スコットランドにおいては支持基盤が存在していなかったにもかかわらず長期化するサッチャー保守党政権に対抗して[15]，1989年超党派の組織であるスコットランド憲政会議 (Scottish Constitutional Convention)（以下，SCCと言う）が設立され (1985年『スコットランドのための権利の請求 (A Claim of Right for Scotland)』の提案に基づき1989年3月30日第1回会合を開催し「権利の請求 (Claim of Right)」を採択)，スコットランドにおける諸政党（ただし，権限移譲に反対する保守党はもとより，UKからの独立を目指すSNPは参加しなかった），教会，労組および市民団体 (civil society) のほとんどの代表が結集し，長い議論の末に権限移譲計画案に同意し，1995年最終報告書を公表した[16]。労働党は，この報告書に概要が示された権限移譲計画案におおよそ依拠して「白書」にスコットランド権限移譲提案を盛り込んだ[17]。こうして，権限移譲を求める「下からの」動きが継続する中，上記のように1997年政権に復帰した労働党がまず実行に移したのが権限移譲法の制定であった[18]。

　この権限移譲の特色はいくつかあるが[19]，とくに，第一に，1998年スコットランド法の場合，これによってスコットランド議会 (Scottish Parliament) が設置されたこと，第二に，権限移譲は全体として「不均一 (asymmetrical)」なものとして実行されたことが挙げられる。

　上の第一について，1998年スコットランド法の下で，スコットランド議会は，中央の権限としてウェストミンスターに「留保された事項 (reserved matters)」（「留保事項」）以外の事項に関して立法権を有するが（「留保事項」に関しては立法を行う権限を有しない），中央のウェストミンスター国会は，「留保事項」以外の事項に対しても立法権を行使することが可能である（同法28条は，スコットランド議会の法律制定権を規定するとともに，「本条の規定は，UK国会がスコットランドについて立法する権限に影響を及ぼすものではない」（同7項）とする）。そもそも，労働党政府は，権限移譲実施に先立って，1997年「白書」において，「UK国会は，あらゆる事項において主権的であり，かつそうあり続ける」と宣言していたのである[20]。ただし，これに関しては，ウェストミンスター国会は，スコットランド議会の同意なしに，権限移譲された事項に関してあるいは権限移譲された責任に影響を与えるような仕方で立法を行わないとする憲法習律 (constitutional

13

convention)(シーウェル憲法習律 (Sewel convention) と呼ばれる) が成立していると
され，国会主権原理は事実上の制約を受けた形になっている (その後，2016年ス
コットランド法 (Scotland Act 2016 (c.11)) において「シーウェル憲法習律」として
規定された[21])。また，権限移譲は，領域ごとに個別に通常の国会制定法を制定
することによって実行されたが，このことは，ウェストミンスター国会は同様
に通常の国会制定法によって権限移譲法自体を修正・廃止できるということを
意味する[22]。これに対しても，1998年スコットランド法は，いわば「憲法」であ
り，ウェストミンスター国会によって一方的に修正・廃止することはできない
とする議論が対置される。こうして，権限移譲との関係で問題となる最重要の
憲法上の問題は，国会主権原理をめぐる問題となっており，具体的には，ウェ
ストミンスター国会の憲法上の位置づけが問題とされている[23]。

　第二について，実行された権限移譲が「不均一」なものになったのは，「連合
国家」としての「UK」が歴史的に「不均一」な形で形成され「進化 (evolve)」し
てきたことを反映していると言える。権限移譲は，「連合国家」を構成するそ
れぞれの「領域 (territory)」ごとの要求と必要に応じて実行された結果，「領域」
ごとに権限移譲の範囲・程度が異なり，したがって権限移譲政府と中央政府と
の関係も「領域」ごとに異なる[24]。また，UKの全人口の80％以上を占めるイ
ングランドについては権限移譲が実施されていないということが「不均一」性を
顕著なものにしている。イングランドを抜きに他の「領域」に対する権限移譲
を進展させることが「連合国家」自体にどのような影響を与えることになるの
かが問題となる。その具体的な問題の一つが，「西ロジアン問題 (West Lothian
Question)」あるいは「イングランド問題 (England Question)」(「イングランドの法律
は，イングランド人の票決で」(EVEL)) と呼ばれるものである。

　このような「不均一」性との関係でのスコットランドにおける法と政府の独
自性は，権限移譲との関係で初めて問題となったわけではなく，数世紀にわた
る歴史的プロセスの中で継続して来た問題であるとすると，あらためて「UK」
におけるスコットランドの憲法上の地位が問題とされることになる。その場
合，1707年「連合」をどのように理解するかが問われる。すなわち，スコット
ランドにおける権限移譲をめぐる最大の論点の一つは，権限移譲の実施を通し
て，UKにおける「連合憲法」体制は安定化し，「領域」の「分離主義

(separatism)」(「連合」の解体)の脅威を除去できるのか,それとも反対に,「連合」固有の不安定性を増大させ,「領域」の独立への動きを推進することになるのかということである。[25] 権限移譲自体について,1997年労働党の選挙マニフェストは,「権限移譲－連合を強化する」の項目において,「別個のナショナルなアイデンティティおよび伝統」に言及し,分権化の要求に対応するなどとして,「われわれの提案は,権限移譲であって,連邦制度ではない。主権的ウェストミンスター国会は,スコットランドおよびウェールズに対して権限を移譲する。連合は強化され,分離主義の脅威は除去されるであろう」と述べていた。[26] しかし,実際には,スコットランドにおいて,権限移譲の実施は,ナショナリズムの進展を抑止することはできず,ついにはその帰結の一つと位置づけることのできる独立の賛否を問うレファレンダムが2014年9月18日に実施されるに至った。その結果,投票者の55.3％が「否」と投票したにもかかわらず(投票率84.6％),「連合」を維持しようとするユニオニストである三政党の党首(D. キャメロン (David Cameron)〔保守党〕,N. クレッグ (Nick Clegg)〔自由民主主義党〕,E. ミリバンド (Ed Miliband)〔労働党〕) によるレファレンダム実施に先立つ「誓約 (The Vow)」(2014年9月16日デイリィ・リコード [Daily Record] 紙上で発表) に従って,権限移譲は進展し続けている。[27] その背後には,1707年に遡るスコットランドとイングランドとの「連合」以来の歴史的プロセスが存在している。[28] このようにして,1707年「連合」をどのように理解するかがあらためて重大な問題となってくる。

3　1707年「連合」

(1)　「連合国家」

一般に,「一元的単一国家 (unitary state)」(以下,単に「単一国家」と言う) と「連邦国家 (federal state)」という用語を対比的に用いて,UKは,「連邦国家」ではなく,「単一国家」であり,「単一憲法 (unitary constitution)」を有するとされてきた。今日でも,UKは「単一の主権国家」であり,権限移譲実施後も「単一国家」であると言われる。[29]

しかし,今日,他方で,「単一国家」と「連合国家 (union state)」という用語

を対比的に用いて、UKは、実際には、イングランドを中心にしてではあるが、複数の「領域」を「連合」する (unite) 形で形成されてきたという歴史的経緯を重視して「連合国家」であり、「連合憲法 (union constitution)」を有するとされ、「UKは、性格上、端的に一元的単一なもの (unitary) でもなく、組織上、連邦制 (federal) でもない、連合憲法 (union constitution) を有する」などと言われる。[30] そこでは、実際上は、単一の国会を通して一元的な中央集権的統治が行われてきたが、この単一の国会とはUKのウェストミンスター国会のことであり、UKを形成する「領域的連合 (territorial union)」と「UKの憲法」の基本原理である国会主権原理とは切り離せない関係にある。[31] しかし、「領域的連合」であるということは、中央集権化した一元的な「単一国家」としての「連合王国」において、底流においては、歴史的にイングランドと「連合」した他の「領域」の文化的、政治的あるいはナショナルなアイデンティティが維持されていることが含意されている。[32] そうだとすると、そこにおけるそれぞれの「領域」ごとの独自性がそれぞれの権限移譲体制に反映された結果、「不均一」なものになっているということになり、それぞれの権限移譲体制はそれぞれの「連合」以来の歴史的プロセスの中に位置づけられることになる。スコットランドの場合、それは、「法的、政治的および教会に関する文脈」で問題となる側面と同時に、[33]「次第に現実化している独立の可能性」という問題の側面を有している。[34]

(2) 1707年「連合」と「基本法」

スコットランドの今日的な憲法状況の理解にとって重要なこととして、第一、1707年「グレイト・ブリトゥン連合王国」の成立、第二、1973年EC (EU) への加盟、第三、1998年権限移譲の実施が挙げられることがある（その理由は、これらはいずれも、スコットランドにとって「創設的構成的効果を有する (constitutive)」インパクトを与えたものだからであるとされる）。[35] このうち第一の1707年「連合」が上記の議論の原点であり、「スコットランドの憲法」の観点から、まず、1707年の「グレイト・ブリトゥン」という新たな国家の創設が「自発的な合同 (voluntary merger)」の結果であるとすると、「スコットランドの人民 (people of Scotland)」がそう望むのであれば、「合同からの離脱 (demerger)」交渉も正当なものであり、結果、独立もありうるということになる（実際、独立〔ただし、ヨーロッパの中での独立、すなわちEUの構成国としての独立国家〕をめざすSNP主導で[36]

2014年9月18日独立レファレンダムが実施された)。次に、「連合条約」が「基本的成文憲法 (fundamental written constitution)」としての地位を有するかが問題とされ、「連合箇条は、新たな国家とその主要な諸制度の一つ(単に拡大されたイングランド議会というのではなく、一つの新たなUK国会)を創設したが故に、連合条約およびそれを実施するために当時のスコットランド議会・イングランド議会がそれぞれ制定した二つの連合法は、新たなUKの『創設的構成的効果を有する』ものとみなされるべきであり、性格上単なる立法的効果を有するものとして扱われるべきではない」ことが問題とされる。こうして、「二つの連合法が、グレイト・ブリトゥン連合王国という新たな国家にとって『基本法』の形式を構成する程度」、すなわち、UK国会はそのような「二つの連合法」によって制約されているのかが重要な論点として提起される。

　これに関して、イングランドにおける「通説」は、「基本法」の概念を拒絶してきた。代表的な論者であるA.V.ダイシー (Albert Venn Dicey) は、国会が後の国会の「手を縛ろう」として国会制定法を制定しようとした「最も注目すべき」例としてイングランドとスコットランドとの「連合条約」を具体化する国会制定法を挙げたが、結局、そうした試みは失敗に終わったとした。「スコットランドとの連合条約を具体化する国会制定法のような確かに重要な制定法は存在し、それを不当に改ざんすることは政治的狂乱状態だといえるであろう」。しかし、「スコットランドとの連合法 (Act of Union with Scotland) も1878年歯科医師法 (Dentists Act 1878) も一方の国会制定法以上に至高の法律 (a supreme law) とみなされるべきだと主張することはできない。いずれも、主権的立法権の意思を具体化したものであり、法的には国会が改廃できるものである」と述べ、1707年「連合法」が他の法律以上の至高の法的地位を有することを否定した。F.W.メイトランド (Frederic William Maitland) も、「連合法 (Act of Union)」は「一定の準則を『連合の基本的かつ本質的条件』として規定した」のであり、「これらの規定の持つ基本的かつ本質的性質が余りにも強く主張されているので、我々は、同議会制定法は将来の議会が修正すべからざる法を制定しようとする試みにきわめて近いところまで行っていると言うことができよう」が、「我々は廃止することのできない法を有していない」し、「すべての法は通常の立法部により廃止されうるのであり、イングランド議会とスコットラ

ンド議会とが合体して大ブリテン島の議会になると合意した条件ですら，そうなのである」，と論じた。[41]

　この点に関する論争を「デフォー説（Defoe view）」と「ダイシー説（Dicey view）」との対立として整理する論者によると，「連合条約」の解釈として，前者は，「連合」はイングランドおよびスコットランド両国の先行するすべての「憲法」を実効的に廃棄し「完全に新たな出発」（過去からの要素の内，その骨格的枠組みを満たすことになるもののみを包含）をするためのものだと理解するのに対し，後者は，「連合」は「連合規約」から読みとられるべき明示的修正あるいは黙示的廃止に服することを条件としつつ既存の「憲法」をそれに適応し変更することを要求したものにすぎないと理解する。[42] すなわち，「ダイシー説」によると，「グレイト・ブリトゥン」という名称の新たな国家が「連合条約」によって設立されたのだとしても，当該国家の「憲法」は事実上「イングランドの憲法」であり，1707年スコットランドとの「連合法」の諸規定を「包摂」するために必要な限りで修正されたものであるということになる。[43]

　こうして，1707年「連合」に関しては，それを「基本的なもの」あるいは「創設的構成的効果を有する」ものとみて，イングランドおよびスコットランド双方の「憲法」を廃棄し，その上で創設した「グレイト・ブリトゥン連合王国」を新たな「憲法」の基礎の上に置いた（「グレイト・ブリトゥン連合王国」は「連合条約」を「憲法」として出発した）とするスコットランドの観点からする理解と，イングランドの継続する「憲法」にスコットランドを「編入」した「編入連合」だとするイングランドの観点からする理解とが対立することになるが，通説とされるのは後者である。[44]

　しかし，上のスコットランドの観点から提起される論点は，スコットランドにおけるナショナリスト的感情の高揚によってあらためて今日的な重要性を増している。その場合，「連合条約」に「より高次の法的地位」を与えることを支持する論拠は三つあるとして，①「連合条約」の「創設的構成的効果を有する」という性格，②「連合条約」の言葉遣い，③「連合条約」についての司法部の認識が挙げられる。[45] これらにつき，あらためて概観しておくことにする。

(a)　連合条約の「創設的構成的効果」と「国会主権」

　1970年代以降，「UKの憲法」は変容し続けてきているが，とくに1990年代後

半以降の「憲法改革 (constitutional reform)」を含めて変容をめぐる憲法論上の最大の論点の一つは国会主権原理をめぐってであった。国会主権原理は,「多層化された統治」の形成を通じて,一方で,EUの構成国であることとの関係において1972年ECに関する法律を「導管」として国内法に取り込まれたEU法の優位性に服することになり,他方で,権限移譲との関係においても,権限移譲議会の権限内の事項について事実上の(法的なものではなく,政治的な)制約を受けることになった[46]。また,EU法および権限移譲法はいずれもその最終的解釈は裁判所に委ねられることから,国会主権原理は,実際上,裁判所によって制約される可能性に服するという構図になる。さらに,裁判官は,法廷の内外において国会主権原理の制約あるいはその可能性を論じている[47]。また,1975年EC加盟継続(「UKは,ECに残留すべきだと思うか」が問われた(投票率63.9%,残留支持67.2%))および権限移譲の実施はいずれもレファレンダムを伴ったことから,ここでも国会主権原理に対する政治的な制約が問題となる[48]。

UK国会の立法至高性を意味する国会主権原理には,UK国会はいかなる事項に関しても立法しうる(UK国会の立法上の権限に対する法的制約の不存在)という積極的側面と,制定されたいかなる国会制定法も裁判所その他によって審査され無効とされないという消極的側面があるとされるが[49],上記のことは,「多層化された統治」の展開に伴い,今日,国会主権原理のこれらいずれの側面についても制約が問題とされるに至っていることを示している(ただし,UK国会は,上述のEU法との関係を除いて裁判所の審査権を伴う法的制約に服しているというわけではない)。

しかし,国会主権原理がスコットランドとイングランドの「連合」との関係で問題とされる場合,従来の主要な論点が,現在の国会は,後の国会を拘束できるか(あるいは,前の国会によって拘束されうるか)ということであったのとは異なって,そもそも「UK国会は,自由でないものとして生み出されたものなのか(born unfree)」(J.D.B.ミッチェル(J.D.B. Mitchell))ということが論点とされている[50]。というのは,その論者自身によると,「連合」は,議会の「連合」であり[51],その基礎は「二つの連合法」から成る。「二つの連合法」が確立した憲法的枠組みは「骨格的なもの (skeletal)」であるが,「グレイト・ブリトゥンという名称で新たな王国を設立した」(1条)(共通の制度として,一つの王冠〔2条〕,一つ

の国会〔3条〕、通商の自由〔4条〕を確立)。これら「二つの連合法」は単なる国会制定法とは異なって「創設的構成的効果を有する法律 (constituent Acts)」であることが意図され、かつ、そうであったということが受け入れられるとするならば、1707年は「新たな出発点」を形成するということになり、UK国会はそれに先立つ「連合条約」によって制約されているかという問題が提起されることになるからである。言い換えると、UK国会は、1707年「連合法」という「基本法 (fundamental law)」によって制約されているのかということが問題とされる。国会主権原理は、「国会における女王が制定するものは、たとえ何であっても法である」と表現されるが、スコットランドとの関係では、「国会における女王が制定するものは、連合箇条 (Articles of Union) によって規定された司法的に実行可能な制約からの逸脱がなければ、たとえ何であっても法である」とされるのである。すなわち、「連合条約」は、「ブリトゥンの国会が立法至高性の属性を自身享受することを妨げる基本的憲法的テキスト」であり、「より高次の法形式であり、それに一致しない国会制定法に対して優先しうる」ものであると主張される。こうして、「連合」との関係で、国会主権原理は当初より制約されていたと主張されることになる。

　しかし、「二つの連合法」に対して「創設的構成的効果」を与える主張について、形式においてであれ実質においてであれ1707年にウェストミンスターで新たな国会が誕生したとするのは「無理」であり、1707年を「完全に新たな出発」と描くことは困難であることが指摘される。というのは、「二つの連合法」を「基本法」と位置づけ、「創設的構成的効果を有する」ものとして位置づけようとする場合、まず、1707年に創設された新たな国会はイングランド議会の主権を継承しており、「連合条約」の文言によって法律上制限されていないとする反論があり、次に、「グレイト・ブリトゥン連合王国」国会の権限に対する当初の制限は1707年以降の国会主権原理の完全な成熟によって克服されたとする反論があるからである。

　具体的に、「連合」に先行するイングランド議会あるいはスコットランド議会において制定された議会制定法は裁判所で適用され続けたこと、「グレイト・ブリトゥン連合王国」国会は「連合」以前のイングランド議会と同一の建物で集会し、その特権および手続はイングランド議会で固守されていたのと同

一のものであったこと，国会が国王，貴族および庶民という三つの部分から構成され，その各々が同意しなければ国会制定法は成立しないというルールはどこから生じたのか，あるいはいかなる権威によってイングランドの聖俗貴族あるいは選挙区の代表者が1708年の国会において議席を有することができるのかに対する回答は「二つの連合法」には存しないことなどが指摘され，これらのことは「二つの連合法」が「基本法」とはいえないことを示唆しているとされる。[61]

(b) 「連合条約」の規定の仕方

「連合条約」には，第一，新たな国家である「グレイト・ブリトゥン連合王国」全体の共通事項，第二，スコットランドの独自性の維持，第三，過渡的な措置という三つのテーマがあったが，[62] このうち，とくにスコットランドの独自性に関する第二について，「二つの連合法」は，①「今後ずっと」「連合」の「基本的かつ本質的条件」として，プレスビテリアン教会は，スコットランドにおいてスコットランド王国の法律によって構成されたように，また，「連合」以前と同一の権威・特権を伴って「変わることなく持続する」（前述の1707年プレスビテリアン教会に関する法律）ものとすることを宣言し，②スコットランドの上位裁判所（スコットランド控訴院〔the Court of Session〕およびスコットランド刑事法院〔the Court of Justiciary〕）はその権限および特権とともに「今後ずっと (in all time coming)」持続するものとすることを確認し (19条)，③UK国会はスコットランドの法律修正権限を付与されたが，「私法 (private law)」については「スコットランドの範囲内の臣民にとって明らかに有益な場合を除いて (except for the evident utility)」修正することはできない (18条) などと規定された。[63]

「二つの連合法」の言葉遣いについて，「二つの連合法」が「創設的構成的効果」を有する文書であること，その起草者がそのように望んだという可能性は同法の用語法によって高められているとする論者自身，そのような「言葉遣い」は「スコットランドの議会制定法においてよくあることであった」し，「今後ずっと」というような「言葉遣い」に「あまり多くを頼ることはできない」としていた。[64]

また，「二つの連合法」は，「基本的なもの」とする諸規定が侵害された場合に対する保護手段を規定していないこと，事情の変更に応じて必要となるかもしれない修正のための特別な規定も置いていないこと，「公的な権利」等に関

する法律と「私的な権利」に関する法律とを区別する機構は用意されていないこと，後者についていかなる変更がスコットランドの人びとにとって「明らかに有益な場合」であるかを判定する機構が存しないこと[65]，少なくともスコットランドの大学教授に対してプレスビテリアン教会への従順を要求する「基本的な」規定は，後に廃止されたことなどが指摘される (Universities (Scotland) Acts 1853 (c.89) & 1932 (c.26))[66]。

(c) 裁判所判決

国会主権原理からすれば，たとえある国会制定法が「連合法」の「基本的な」諸規定を侵害したとしても法的には有効であるが，これに対して，「連合法」は，UK国会を創設しその際その権限を制約したという意味で，「創設的構成的効果を有する」制定法であるとする議論が対置されることは既に見た。この問題に関連して必ず引照されるのが，スコットランドの裁判所判決すなわちいわゆる1953年 *MacCormick v. Lord Advocate* 事件 (以下，MacCormick事件と言う)[67] におけるスコットランド控訴院長クーパー裁判官 (Lord Cooper) の「傍論 (obiter dictum)」である。

原告J.マコーミック (John MacCormick) は，スコットランド政治およびスコットランド自治運動の指導的人物であるが，国王布告が女王について「グレイト・ブリトゥン連合王国エリザベスⅡ世 (Elizabeth the Second of the United Kingdom of Great Britain)」と記載しているのは違法であるとの宣言的命令を求めてスコットランド控訴院 (Court of Session) に対して申立てを行った。その際，エリザベス「Ⅱ世」という称号 (royal title) の採用は1558年即位の「エリザベスⅠ世がグレイト・ブリトゥンの女王であった」という，事実に反することを含意する点で，1707年に二つの王国の「連合」をもたらした「連合条約」および「二つの連合法」(1条) に違反すると主張した。法務長官は，国王に代わって，同布告は同条 (1条) に違反せず，「Ⅱ世」という称号の採用は1953年国王称号法 (Royal Titles Act 1953 (c.9)) によって授権されていると論じた。

スコットランド控訴院ガスリー裁判官 (Lord Guthrie) は，①「称号」の採用は1953年国王称号法によって明示的に授権されていること，グレイト・ブリトゥンの国会制定法はいずれの裁判所においても「連合条約」違反あるいはその他のいかなる理由によっても異議申立てされないこと，②「連合条約」(1条) は「称

号」の利用を明示的あるいは含意によって禁止していないこと、それ故、訴訟は関連性 (relevancy) において失敗したこと、③申立人は訴訟を行うコモンロー上の権原あるいは利益を有しないことを理由に申立てを退けた。

スコットランド控訴院内院 (Inner House) は、「連合条約」(1条) は称号の利用を禁じておらず、申立人は訴えの権原を有していないとして申立人のアピールを退けたが (1953年国王称号法については、同法の制定はエリザベスⅡ世〔1952年即位〕とする布告後のことであり本件に関連性を持たないとした)、そこには「連合条約」違反の国会制定法の有効性に関連するスコットランド控訴院長クーパー裁判官の次のような指摘が「傍論」として含まれていた。

第一、「無制限の国会主権という原理は格別にイングランドの原理であり、スコットランドの憲法 (Scottish constitutional law) にそれに相当するものはない」、と。クーパー裁判官は、国会主権原理は、E.クック (Edward Coke) と W.ブラックストン (William Blackstone) に由来し、19世紀に W.バジョット (Walter Bagehot) とダイシーによって広範に広められ、ダイシーはその著『憲法』において古典的形式で同原理を述べたとする。

第二、「連合立法がスコットランドとイングランドの議会を消滅させ、それらを新しい国会に取り換えたということを考慮すると、1707年に生じたすべてのことは、あたかもスコットランドの代表がイングランド議会に加わることが認められただけのことであり、新しいグレイト・ブリトゥン国会がイングランド議会の格別な諸特徴のすべてを引き継ぎ、スコットランド議会の特徴は何も引き継いではいないということが想定されていたはずだとする理由を理解するのは困難である」、「それは、実際に行われたことではない」、と。

第三、「条約と関連立法は、それによってグレイト・ブリトゥン国会がスコットランドとイングランドの二つの別個の議会の後継者として生み出されたのであるが、一方で、以後の修正権限をグレイト・ブリトゥン国会に明示的に留保する条項を含んでおり、他方で、そのような修正権限を含まない条項、当該規定は基本的であり今後ずっと変更できないものとするという宣言あるいは同趣旨の宣言によって以後の修正を強く排除する条項を含んでいる」、と。

クーパー裁判官によると、「スコットランド法務長官は、この点につきグレイト・ブリトゥン国会はそのような『基本的かつ本質的な』諸条件を廃止また

は修正『することはできない』ことを認めることによって譲歩した」が、その際，法務長官は，「疑いもなくダイシーによる次のような見解の修正に影響を受けた」、とする。すなわち，ダイシーは，その共著『イングランドとスコットランドとの連合に関する考察』(A.V.Dicey & R.S.Rait, *Thoughts on the Union between England & Scotland*〔Macmillan, 1920〕, pp.252-254) において，「1707年の政治家は，グレイト・ブリトゥン国会に完全な主権を付与したが，変更することのできない法律によって拘束されるべく絶対的主権的国会を創設することができると明らかに確信していた」とし、修正に対する強い禁止を伴うプレスビテリアン教会の統治に関する諸規定を例示した後，さらに続けて「スコットランド教会の安全のための国会制定法は，グレイト・ブリトゥンの国会によってであっても道徳的あるいは憲法的に変更できないということは，連合法を制定した議会の確信を示している。……主権的国会は，要するに，いかなる既存の法の変更も控えるよう論理的に拘束されることはありえないが，ある国会制定法が制定時に変更できないと宣言されていたという事実によって，この国の憲法に重大な危険を与えることなく変更することはできないという警告を受け取ることはありうる」と述べた。その上で，クーパー裁判官は，「私は，グレイト・ブリトゥン国会は，条約を思いのまま自由に変更できるという意味で『絶対的主権的』であるとする規定を連合立法の中に発見していない」と述べた。[68]

　しかし、クーパー裁判官は，このような「傍論」を述べつつ *MacCormick* 事件における異議申立ては司法判断に適していないとし，「スコットランドのであれ，イングランドのであれ国内裁判所が本件のようなタイプの政府の行為が条約の規定に適合しているか，それとも適合していないかを決する管轄権を有しているとの見解についていずれの種類の先例も権限も存しないということは少なくとも明白である」とした。

　後の *Gibson v. Lord Advocate* 事件[69] (以下、*Gibson* 事件と言う) において，スコットランド人の漁師ギブソン (Gibson) 氏は1972年ECに関する法律を「導管」として国内法となっていたEU規則に対して異議申立てを行った。ギブソン氏は、同規則は、「スコットランドの範囲内の臣民にとって明らかに有益な場合を除いて私的な権利に関する法律……を変更すること」を禁止している「連合法」の規定 (18条) に違反し無効であると主張した。キース裁判官 (Lord Keith)

は，領海内での漁場規則は「私的な権利」の事項ではなくて「公的な権利」の事項であるから「連合法」の当該規定 (18条) によって保護されないと判示したが，その際，「傍論」において，「UK 国会がスコットランド控訴院あるいはスコットランド教会を廃止しようとする，あるいはスコットランド私法の全体系をイングランド法で代替しようとする国会制定法を可決したような場合，いかなる問題が生じるかについては見解を留保する」と述べた。

　裁判所は，*MacCormick* 事件あるいは *Gibson* 事件に関して，国会の権限が「連合条約」・「二つの連合法」によって制限されるかどうかという問題に関して明確な判断を示したわけではない (裁判所が，後の国会制定法を「二つの連合法」に適合しないという理由で無効と判断した例は存しない)。また，クーパー裁判官の「傍論」について，国会主権原理は，「イングランドの憲法」に対するものとしての「スコットランドの憲法」の原理として承認されていないという主張は，「歴史的にも疑わしいし，今日の憲法上の了解事項の陳述としても疑わしい」ことが指摘されている。

(3) 近年の展開

　「連合」に関する通説は，伝統的なダイシー説であると言われる。すなわち，「連合は，事実上，編入する連合であり，そこにおいて旧いイングランド憲法の基礎となる原理が継続的に優先し，それにはより初期の立法，特に連合立法それ自体を廃止するウェストミンスター国会の能力が含まれる」とされる。

　1998年スコットランド法は，「1706年スコットランドとの連合法および1707年イングランドとの連合法は，本法に服することを条件として効力を有するものとする」と規定し (37条)，ウェストミンスター国会との関係での「二つの連合法」の法的地位を明確に述べた。

　しかし，「連合条約の本質的諸条件は，実質的には尊重されてきたというのが事実」であり，スコットランドンドの法律家，政治家その他はなお「連合条約」の重要性を主張し，慣例，スコットランド人のナショナルな感情および政治的計算は「連合条約」との関連で国会の権限行使を条件づける諸要素であるなどと言われる。そして，そこには，見たような「条約のより高次な地位についての仮説」が存し，UK 国会の権限と「二つの連合法」との関係は論じられ続けている。

近年では，世襲貴族を貴族院から排除しようとする1999年貴族院法案 (House of Lords Bill 1999) の提案につづいて，同法案は「連合条約」および「二つの連合法」の規定 (22条) を侵害するのではないかとの問題が提起された。[76] というのは，連合の「基本法」とされた「連合法」の同規定は，グレイト・ブリトゥン国会でのスコットランド代表は，貴族院においては16名のスコットランド貴族 (the Peers of Scotland) とする旨規定していたからである (22条)。

　貴族院は，1999年7月27日，グレイ卿 (Lord Gray) の動議により，「貴族院法案は，もし制定された場合には，イングランドとスコットランドとの間の『連合条約』の諸規定に違反するかどうか」という問題に対する意見を求めて貴族院特権審査委員会 (House of Lords Committee for Privileges) に対して付託した。同委員会のホープ卿 (Lord Hope) によると，グレイ卿が依拠した論拠は，①スコットランド議会は，1707年に新たなグレイト・ブリトゥン国会に立法権を移転した際に条件を課す権限を有していたこと，②「連合協定 (Union Agreement)」の下で課された条件の効果は，グレイト・ブリトゥン国会およびその後継であるUK国会の立法権を制限することであったこと，③「連合協定」の下で課された条件の一つは，スコットランドが貴族院および庶民院において代表される権利であること (22条)，④当該権利は，代表政府の原理を明示しており，今日，1707年と同一の効力を有していること，⑤貴族院法案は，「連合協定」(22条) との関係で貴族院における代表に対するスコットランドの権利を消滅させるものであるのだから，それは「連合」の基本的条件に違反することであった。すなわち，「連合条約」は，「グレイト・ブリトゥン連合王国」という新国家の成立によってスコットランドとイングランドという二つの国家が存在しなくなった時点で消滅した (spent) けれども，「連合協定」はその新国家において「基本法」として効力を持ち続けており，その結果，「連合協定」によって特別保障された一定の諸規定に関して，UK国会は無制約の主権を享受してはいないという主張が行われたのである。

　同委員会の全員一致の意見は，「連合協定」の問題の条項 (22条) は「基本法」すなわち「不変の法」という性格を有するものではなく，実際に段階的に廃止されてきており (Peerage Act 1963 (c.48), Statute Law Revision (Scotland) Act 1964 (c.80), Statute Law (Repeals) Act 1993 (c.50))，貴族院法案が成立したと

しても問題はないとした。このような意見の理由は，三人の法律貴族によって述べられた。

　その内のホープ卿は，1707年5月1日「連合協定」発効の時点で「連合条約」は履行済み (executed) となったと考えるのが正しいかどうか，「連合条約」に加わった二つの国家は消滅したのかどうかという問題はさておいて，「新たなグレイト・ブリトゥン国会の立法上の権限は，その国会を構成した連合協定に明示された制限に服するとする主張は，まったく非現実的空想的なものだとして簡単に片づけることはできない」と述べた。しかし，本委員会が，「立法部の至高性という基本的準則が司法判決によって制約される」状況が存するかどうかを決することは必要とは思われず，それを決するのは裁判所であるとした。ホープ卿によると，これはグレイ卿が提起した問題の背後にある推論であり，グレイ卿は，スコットランド議会は，グレイト・ブリトゥン国会が「連合協定」(22条) によって認められた貴族院での代表を自由に排除するようなことは意図していなかったと主張したからである。こうして，本質的な問題は，ホープ卿によると，貴族院法案が「二つの連合法」(22条) の規定に違反するかどうかという解釈の問題である。

　ホープ卿は，「二つの連合法」の当該規定 (22条) は，スコットランドの貴族院議員数を16名としているが，同規定にその数を固定する意図はなく，貴族院の構成はグレイト・ブリトゥンの新たな貴族創設に伴い変更されることを予定しており，「基本法」としての性格を有するとみなすことは困難である，実際，1707年以降グレイト・ブリトゥン国会および後継のUK国会は「連合法」(22条) の修正権を有することを前提にして，法改正を行ってきたとした。[77]

4　おわりに

　今日の権限移譲体制の下で，UKは「連合国家」ととらえられ，そこにおいてスコットランドの独自性があらためて注目されることになる。それとの関連で，1707年「連合」の位置づけがあらためて問題とされ，「二つの連合法」の「基本法」としての性格が論じられる。この点，「無制限の国会主権という基本的なダイシー的原理は，20世紀中葉まではスコットランドの憲法学において通説

であり続けた」が，重大な転換点は1953年 *MacCormick* 事件判決におけるクーパー裁判官の「傍論」であったと言われる[78]。

このようなことから，*MacCormick* 事件判決におけるクーパー裁判官の「傍論」の読み方として「基本法」の観点が強調されるが，スコットランドの独自性の主張として受け止めることを示唆する見解がある[79]。この独自性の主張が，近年進展したナショナリズムと結びつき，中央政府によるBrexitの展開のされ方いかんによっては独立に関する第二のレファレンダム（IndyRef2）の可能性も否定できない状況である。その場合，スコットランドに「人民主権」の伝統が歴史的に存在したかどうかとは別として[80]，今日，1998年スコットランド法の制定に関連して，「イングランドの憲法」論においてはほとんどみられない「人民主権」の論点が提示されることが注目される。すなわち，同法による権限移譲政府の設置には，それに先行する「二つの鍵となる出来事」があったとされ，第一に，1989年SCCの設立，第二に，1998年スコットランド法制定に先立って，1997年レファレンダム法に基づきレファレンダムが実施されたことが挙げられ，これら二つのことから，「人民の意思が権限移譲の制度およびその基本条件を授権したとみることができる」とされるのである[81]。

第一のSCCについては，「スコットランドにおいて最も幅の広い代表的な団体」であって，政党（スコットランド労働党，スコットランド自由民主主義党その他多くの少数政党），スコットランド議会議員，スコットランド選出国会議員，多くの地方政府の代表およびスコットランド市民団体（civic society）（スコットランド労働組合協議会，教会，民族的少数集団，女性運動およびビジネス・産業界の諸部門）を含むものである[82]。また，SCCが採択した1989年「権利の請求（Claim of Right）」は，「SCCに結集したわれわれは，スコットランド人民の必要に最適な政府の形体を決定するスコットランド人民の主権的権利（the sovereign right of the Scottish people）を有することを強く確認する」と主張した（Claim of Right 30 Mar 1989）。こうして，SCCは，人民主権原理を主張しただけでなく，「スコットランド人のナショナルなアイデンティティ」の問題が政党，党派あるいは階級を超えて拡がっていることを示すものであるとされる[83]。

第二のレファレンダムについては，その実施に先立って「権限移譲について鍵となる諸原則」が政府白書（Scotland's Parliament, Cm.3658 (1997)）によって公

表され，判断材料が示された上で，法案公表前に実施されたことが重要だとされる。

　SCCに集約された人民の意思がレファレンダムに反映され，そこにおいてスコットランド人民による自己決定が行われ，こうした人民の意思に基づいて権限移譲は実施されたのだすると，1998年スコットランド法はウェストミンスター国会によって制定された通常の国会制定法であるが，以後の権限移譲体制への根本的変更にはスコットランド「人民の同意」が必須条件であるということになる。こうして，「スコットランド権限移譲の基礎に，伝統的な国会主権原理に対抗する人民の同意の必要性原理が組み込まれた」とされるのである。というのは，伝統的な国会主権原理によれば，「権限移譲は，ウェストミンスター国会からの一方的贈与であり，ウェストミンスター国会はその形成原理を一方的に修正することができる」はずだからである。[84]

　このような議論と関連して注目されるのは，2016年スコットランド法（1条）によって1998年スコットランド法が改正され（63A条を新設），「スコットランド議会およびスコットランド政府は，UKの憲法上の制度配置の恒久的（permanent）部分である」（同条1項），「スコットランド議会およびスコットランド政府は，……スコットランド人民のレファレンダムによる決定に基づくものでない限り廃止されることはない」（同条3項）と規定されたことである。[85] この規定は，UK国会制定法において，憲法的現実を確認したものに過ぎないのか，レファレンダムの要求は将来のUK国会の権限に対する法的に実行可能な制約なのかが問題となる。[86]

　こうして，「ウェストミンスターの主権についての法的原理は，人民主権の主張においてその制限に直面している。重要なことは，スコットランド憲法の源が，ウェストミンスター国会だけでなく人民に根付くようになっていることである」と言われる。[87]

　これは，スコットランドの観点からの問題提起であるとしても，*R (Jackson) v. Attorney General* 事件に関するUK最高裁判所の判決において，ホープ卿は，1707年「二つの連合法」の「潜在的な憲法的基本的性格」（potential constitutional fundamentality）に関する主張と結びつけつつ，「国会主権原理の今日的妥当性に異議申立てをする引き金として」今日的な憲法上の展開を利用して，「絶対[88]

的に主権的である国会という概念は，現実とまったく一致していない」，「国会主権は，かつてそうであったとしても，もはや絶対的ではない」と述べた[89]。こうして，スコットランドにおける権限移譲をめぐる展開は「UKの憲法」をめぐる最大の論点である国会主権原理に関してもう一つの観点を付加するものとなっている。

【注】

1 F.W.メイトランド (Frederic William Maitland) によると，「両国の連合が生じたわけではない」，「両国は国王以外何一つ共有していなかった」，「両国民は二つの政府を持った二つの別個の国民であった」(F.W.メイトランド（小山貞夫訳）『イングランド憲法史』（創文社，1981年）440頁)。

2 A.W.Bradley, K.D.Ewing & C.J.S.Knight, *Constitutional and Administrative Law*, 16th ed. (Pearson, 2015), p.32. 1707年「連合」に至る簡略な経緯について，E.Wicks, *The Evolution of a Constitution: Eight Key Moments in British Constitutional History* (Hart Publishing, 2006), pp.167-170, A. Page, *Constitutional Law of Scotland* (W.Green, 2015), para.1-09〜1-12.「連合箇条 (Articles of Union)」,「連合条約 (Treaty of Union)」,「二つの連合法 (Acts of Union)」の用法につき，たとえば，1707年「グレイト・ブリトゥン連合王国」は「連合条約」および「二つの連合法」によって形成されたが，それぞれの国の議会のために行動する委員団によって1706年に合意された「連合箇条」は，1707年にスコットランド議会によって，1706年にイングランド議会によってそれぞれ制定された「二つの連合法」によって採択されたと説明され (C.Turpin & A.Tomkins, *British Government and the Constitution*, 7th ed. (Cambridge University Press, 2012), p.222. なお，「二つの連合法」の年号が異なるのは当時使用されていた暦の違いに依る)，「連合箇条」,「連合条約」,「二つの連合法」という用語は，相互互換的に用いられることがある。また，すべてを含めて「連合協定 (Union Agreement)」と呼ばれることもある。また，論者の立場（イデオロギー）によってあるいは文脈によって用いられる用語が異なることもある (N. MacCormick, *Questioning Sovereignty: Law, State and Nation in the European Commonwealth* (Oxford University Press, 1999), p.58)。なお，「連合法」は，スコットランド議会のそれとイングランド議会のそれの二つあり「Acts of Union」と表記されることから，以下，「二つの連合法」と言う（なお，イングランドの憲法について記述するA.V.ダイシー (Albert Venn Dicey) が論じたのは，「Act of Union with Scotland, 1706」である (A.V.Dicey, *Introduction to the Study of the Law of the Constitution*, 10th ed. (Macmillan, 1959), p.65)）。ただし，このように今日でも「連合条約」という用語は用いられているが，「連合条約」の国際法上の地位については必ずしも明確でない。その事情の一つは，条約の当事国は消滅してしまったということである (T.B.Smith, "The Union of 1707 as Fundamental Law" [1957] *PL* 99, E.Wicks, "A New Constitution for a New State? The 1707 Union of England and Scotland" (2001) 117 *L.Q.R.*109)。「連合」自体の性格・地位の問題について，C.Kidd, *Union and Unionism: Political Thought in Scotland,*

第1章　スコットランドの憲法

1500-2000 (Cambridge University Press, 2008), pp.82-83.
3　A.McHarg, "Public Law in Scotland: Difference and Distinction" in A.McHarg & T.Mullen eds., *Public Law in Scotland* (Avizandum Publishing Ltd., 2006), p.7.「ブリトゥンの憲法」について語ることと「イングランドの憲法」について語ることとは同義である。「ブリトゥンの憲法についての単一憲法モデル (unitary model)」は、「ブリトゥンの憲法をイングランドの観点から単一憲法モデルの範型として説明する」ものである (A.Tomkins, "Scotland's Choice, Britain's Future" (2014) 130 *L.Q.R.* pp.217-218)。日本で長らく参照されてきたダイシーの「憲法論」は「イングランドの憲法」を記述し、W.バジョット (W.Bagehot) の「憲法論」の表題も「イングランドの憲法」(The English Constitution) である (Bradley and Ewing & Kinght, n(2), p.30, Turpin & Tomkins, n(2), pp.221-222)。このように「ブリトゥンの憲法」がイングランドの観点からのみ論じられることが、今日、あらためて問題となっていると言える。
4　Lord Ordinary Anderson in *Macgregor v. Lord Advocate and Another* [1921] SLR 558。ただし、イングランド公法とスコットランド公法との間の重要な相違について、McHarg, n(3), p.4.
5　A.Le Sueur, M.Sunkin & J.E.K.Murkens eds., *Public Law: Text, Cases and Materials*, 3rd ed. (Oxford University Press, 2016), pp.164-165, D.Feldman ed., *English Public Law* (Oxford University Press, 2009), para.1.98.
6　UKについては、「マルチ・ナショナルな国家 (a multi-national state)」などと呼ばれることがあり、そこではスコットランド、ウェールズ、北アイルランドの住人は、自身を「British」としてだけでなく「Scots」「Welsh」「Ulstermen or Irish」と自己認識しているとされる (Turpin & Tomkins, n(2), p.221)。Bogdanorによると、1999年スコットランド議会は、地方当局 (local authority) ではなく、広範な国内的活動に対する立法権を有し、スコットランドにおけるナショナルな感情を代表する機関である (V.Bogdanor, *The New British Constitution* (Hart Publishing, 2009), p.113)。
7　UK「憲法改革」について、松井幸夫編著『変化するイギリス憲法──ニュー・レイバーとイギリス「憲法改革」』(敬文堂、2005年)、倉持孝司・松井幸夫・元山健編著『憲法の「現代化」──ウェストミンスター型憲法の変動』(敬文堂、2016年)。
8　Bogdanorは、「1832年選挙法改正法以来、最も急進的な憲法上の改革」であると評している (V.Bogdanor, 'Devolution: The Constitutional Aspects' in The University of Cambridge Centre for Public Law, *Constitutional Reform in the United Kingdom: Practice and Principles* (Hart Publishing, 1998), p.9)。
9　Turpin & Tomkins, n(2), p.219.
10　n(12)の1973年統治構造に関する王立委員会 (キルブランダン委員会) 報告書は、当時、SNPは、一少数政党にすぎず、その完全な独立という政策に対してスコットランド人民の多数の支持が得られる見込みはないように思われるとしていた (para.345)。
11　R.Rose, "The United Kingdom as a multi-national state" in R.Rose ed., *Studies in British Politics*, 3rd ed., (1976), pp.115-116 cited in Turpin & Tomkins, n(2), p.221.
12　その報告書は、Royal Commission on the Constitution 1969-1973, Vol.Ⅰ, Report, Cmnd.5460, 1973である (本文での引用は本報告書による)。少数意見は、Royal Commission on the Constitution 1969-1973, Vol.Ⅱ, Memorandum of Dissent, Cmnd.5460-Ⅰ, 1973.

キルブランダン委員会任命の背景にあるスコットランドの事情について，para.2。なお，同報告書は，この付託事項において「さまざまなネイション（nations）」に言及されていることに関して，「スコットランドおよびウェールズの人びと（peoples）のために行われた別個のナショナルなアイデンティティの主張」を受け入れたことを示すとした（para.327）。同報告書によると，「ネイション」の意味についての議論は終わりがないが，「考慮されなければならない諸要素は，地勢，歴史，人種，言語および文化」であり，重要なことは「人びと自身」が「別個のネイション」と考えるかどうかであることを示唆した（para.326）。C.M.G.Himsworth & C.M.O'Neill, *Scotland's Constitution: Law and Practice*, 3rd ed.（Bloomsbury, 2015），para.3.2によると，スコットランドは，権限移譲前後を通してUKの「リージョン」と呼ばれているが，「ネイション（サブ・ステイト・ネイション（a substate nation）であるが）」という呼び名が好まれているとされる。

13　なお，キルブランダン委員会報告書は，「権限移譲」について「主権を放棄することなく中央政府の諸権限を委任すること」としている（para.543）。

14　Democracy and Devolution: Proposals for Scotland and Wales, Cmnd. 5732, 1974, paras.27-33, 38.

15　Wicks, *The Evolution*, n(2), p.174. とくにスコットランドに敵対するものとして，競争的個人主義，自由市場および人頭税の導入が挙げられる（Bogdanor, n(6), p.91）。サッチャリズムがスコットランド政治の独自性に敬意を払わず，「小さな国家」のイデオロギーに依ったことに対するスコットランドにおける反発がナショナリズムとなって現れたことについて，J.Mitchell, "From National Identity to Nationalism, 1945-99" in H.T.Dickinson & M.Lynch eds., *The Challenge to Westminster: Sovereignty, Revolution and Independence*（Tuckwell Press, 2000），pp.160-161。

16　Scottish Constitutional Convention, *Scotland's Parliament : Scotland's Right*,（Convention of Scottish Local Authorities, 1995）. B. Hadfield, "Devolution: A National Conversation ?" in J.Jowell & D.Oliver eds., *The Changing Constitution*, 7th ed.（Oxford University Press, 2007），pp.217-218.

17　Turpin & Tomkins, n(2), p.219. Scotland's Parliament, Cm 3658（1997）。

18　戒能通厚編『現代イギリス法事典』(新世社，2003年) 328頁以下（角田猛之執筆）。Hadfieldによると，1998年スコットランド法の場合，それに先立つSCCの設立に加えて，1978年スコットランド法の場合と異なって権限移譲法制定前にレファレンダムによる承認が行われていたことは，スコットランドへの権限移譲の「自発的性格（autochthonous nature）」を示すものとされ（Hadfield, n (16), p.218），Walkerは，「上から下へ」ではなく「下から上へ」のものだとする（N.Walker, "The Territorial Constitution and the Future of Scotland" in A.McHarg, T.Mullen, A.Page & N.Walker eds., *The Scottish Independence Referendum: Constitutional and Political Implications*（Oxford University Press, 2016），p.253）。

19　たとえば，「覚書（the Memorandum of Understanding）」においてUK，スコットランド，ウェールズおよび北アイルランドの各大臣間の協議の場として合同大臣委員会（Joint Ministerial Committee）が設置されたこと，UK政府の各省庁は，権限移譲政府との間で双務的な「協定（Concordat）」(法的拘束力はない) を締結しEU関係事項，国際関係，産業に対する財政上の援助などの取決めを行っていることなどが挙げられる（Turpin &

Tomkins, n(2), p.220)。この「協定」は，政治的諸制度間で結ばれる明示的な合意であり，他方，「憲法習律 constitutional convention」は，伝統的に長い慣行を通して黙示的に形成されるものであり，これらは「UKの憲法の政治的特質」を示している (M.Elliot & R.Thomas, *Pubilc Law*, 3rd ed. (Oxford University Press, 2017), p.326)。

20　Cm 3658, n (17), para.4.2.

21　シーウェル憲法習律（スコットランド法案を審議した貴族院でのシーウェル卿（Lord Sewel）の陳述に基づく（H.L. Deb. Vol.592, col.791, 21 July 1998））について，「権限移譲の政治的現実への応答であり，そのために創造されたものである点で時の流れの中で生じた習律とは異なる」とされ，結果，「形式的立法至高性原理を緩和するものと解されるべき」だとされる (Hadfield, n (16), pp.233-234)。ただし，シーウェル憲法習律が国会主権を「事実上」制約するというのは，「政治的な制約」である。「国会は，政治的には全能ではない」のであるが，「UK国会の立法上の主権」は侵害されるわけではない (M.Gordon, *Parliamentary Sovereignty in the UK Constitution: Process, Politics and Democracy* (Hart Publishing, 2015), pp.115-116)。なお，2016年スコットランド法2条によって1998年スコットランド法28条8項が先述のUK国会の立法権について規定した同7項の後に追加され，「ただし，UK国会は，スコットランド議会の同意がない限り権限を移譲した事項について立法をすることは通常は (normally) ないことを認める」と規定された。この点，「できない」「行わないものとする」のように明示的に規定されておらず，「シーウェル憲法習律」が「法的効力」を有すると明示的に規定されているわけでもないとされる (Elliot & Thomas, n (19), p.328)。いわゆる*Miller*事件に関する最高裁判決も同様のことを述べ，これによってシーウェル憲法習律が裁判所によって解釈され強行される法的準則になったわけではなく，「政治的習律」として承認されたものであるとした (*R (Miller) v. Secretary of State for Exiting the European Union* [2017] UKSC 5, paras.148-151)。

22　Bogdanor, n(6), p.112.

23　Bogdanor, n(6), p.114. たとえば，スコットランド議会制定法と司法審査という文脈であるが，*AXA*事件に関する最高裁判決においてホープ裁判官（Lord Hope）は，「スコットランド議会の主要な特徴」として，「普遍的な民主主義の伝統に確固として根づいていること」を挙げその民主的性格を指摘している (Lord Hope in *AXA General Insurance Ltd. v. Lord Advocate* [2011] UKSC 46)。そうだとすると，同じく民主的性格を有するUK国会との関係があらためて問題となる (Gordon, n (21), pp.114-120)。また，1998年スコットランド法が国会主権を維持していることと権限移譲固有の「分権化」とが調和しないことも指摘される (Wicks, *The Evolution*, n(2), p.192.)。

24　Wicks, *The Evolution*, n(2), pp.167-170. ただし，それぞれの権限移譲制度は，固定化されたものではなく，将来の展開に対して開かれたものになっており，権限移譲は「一つの出来事ではなく，一つのプロセスである」（ウェールズ国務大臣R.デーヴィス〔Ron Davies〕）と言われる (Turpin & Tomkins, n(2), pp.220-221)。これは，UK憲法のプラグマティックな性格を示していると言え，「権限移譲も望まれたが故に行われたのであり，望まれた程度で行われたのである」とされる (Elliot & Thomas, n (19), p.300)。

25　Bogdanorは，UKを構成する諸部分の間にある相違を尊重しかつ承認することを通してUKを強化することによって，「スコティシュ・ナショナリズムによって提起された問題に対する安定的な解決」を生み出す見込みがあるのか，それとも最終的にUKの解体へ

導くような要求への出発点に過ぎないのか、と問題を整理する(Bogdanor, n(6), p.94)。
26 Labour Party General Election Manifesto, *New Labour Because Britain Deserves Better*, 1997.
27 レファレンダムにおいて独立の代替となる選択肢として「最大限の権限移譲('devo-max')」は示されていなかった(Gordon, n (21), p.115 n.26)。「誓約」は、国会が検討する前に、事実上拘束力ある約束となり将来の権限移譲の方向性を決し、「否」票は現状維持ではなくさらなる権限移譲の進展を求める票であるという意味をもったことになるとされる(A.Tomkins, New Union: New Constitution?, Harry Street Lecture 2015, 20 April 2015, pp.3-5)。
28 今日の権限移譲体制は、「1707年まで日付を遡る、より広範な憲法状況によって大きく条件付けられている」と指摘される(Himsworth & O'Neill, n (12), para.3.2)。
29 R.Bradley, "The Constitution of the United Kingdom"(1999) 58 *C.L.J.*pp.99-100。これは、「ダイシー的単一国家と至高の国会」のレガシーである。ダイシーは、連邦制に対する「単一国家」の優位性を主張したが、そのユニオニズムは、アイルランドをUKの範囲内に維持することを政治的目標としており、そのために「単一の至高の国会」を必要としたとされる(Himsworth & O'Neill, n (12), para.3.16)。
30 Turpin & Tomkins, n(2), p.210. 1973年統治構造に関する王立委員会(キルブランダン委員会)報告書はUKを「単一国家」としていたが(n (12), para.57)、近年の統治構造に関する貴族院特別委員会報告書は、UK憲法の「五つの基本的教義」として、国会主権、法の支配、代表政府およびコモンウェルス、EUその他国際組織の構成員であることと並んで「連合国家」を挙げている(House of Lords Select Committee on the Constitution, First Report of Session 2001-02, Reviewing the Constitution: Terms of Reference and Method of Working, HL 11, para.21)。「連合国家」につき、C.Munro, *Studies in Constitutional Law*, 2nd ed. (Butterworths, 1999), pp.15-16. 他の用語として、「a state of Unions」「a multination or multinational state」「a plurinational state」などがある(House of Lords Select Committee on the Constitution, 10th Report of Session of 2015-16, The Union and devolution, HL 149 (2016), para.31)。
31 A.Le Sueur et al., n(5), p.163.
32 端的に「連合国家」という用語を用いることによって、スコットランドの自治権(autonomy)という格別な属性を承認しようとするとされ(Himsworth & O'Neill, n (12), para.3.2)、あるいは、歴史、法制度、教育・地方政府の構造、文化および伝統の違いを重視しつつ、主権的ウェストミンスター国会および中央政府(全国的二大政党の一つに対する支持に基づく)から成る「憲法的・歴史政治的一枚岩」と見る通説的理解に反対することになるとされる(Hadfield, n (16), p.214)。つまり、UKにおける「六つの領域的アイデンティティ」すなわち「British」、「English」、「Irish」、「Northern Irish (Ulster)」、「Scottish」、「Walish」が存し、これに加えて、「リージョナルな、すなわちサブ・ナショナルな問題が存する」(B.Hadfield, "The United Kingdom as a Territorial State" in V.Bogdanor ed., *The British Constitution in the Twentieth Century* (The British Academy, 2003), pp.586-587)。なお、「ブリトゥンの憲法」について、イングランドあるいはスコットランドの観点があるのだとしたら、ウェールズあるいは北アイルランドの観点もあることになる(Tomkins, n(3), p.218)。

33 たとえば,「法的」な独自性について,1707年「連合」の諸条件の帰結として,スコットランドの別個の法制度が維持されてきたのであり,イングランド法によって法制度が統一されたわけではないことが強調される (Himsworth & O'Neill, n (12), para.3.2)。高橋哲雄『スコットランド 歴史を歩く』(岩波書店,2004年) 180-183頁,戒能通厚編, n (18), 340頁以下 (角田猛之執筆)。スコットランドは,権限移譲以前から自治を享受しており,「連合」の均等なパートナーとして独自のナショナル・アイデンティティの感覚を維持していたが,その際,別個のスコットランド法制度を有していたことが重要な意味をもったとされる (McHarg, n (3), p.4)。なお,関連して「連合」以降の法状況について,ステアー・ソサエティ編 (戒能通厚・平松紘・角田猛之共編訳)『スコットランド法史』(名古屋大学出版会,1990年) 第5章,「スコットランド法」につき,同「訳者解説」。

34 Walker, n (18), p.253.

35 Himsworth & O'Neill, n (12), para.3.1.

36 N.MacCormick, "Is There a Constitutional Path to Scottish Independence?" (2000) 53 *Parliamentary Affairs*, pp.721-723.

37 T.B.Smith, *British justice: The Scottish contribution* (London, 1961), pp.203-213. Mitchellは,「一つの国会を創設しかつ制限する憲法的法律 (a constitutional act)」と呼んでいる (J.D.B.Mitchell, "Book Review" [1956] *PL*, p.296)。

38 Himsworth & O'Neill, n (12), para.3.2. このように「連合条約」の地位を確立することは,「連合条約」の規定の少なくともいくつかは,今日,ウェストミンスター国会制定法によるのみでは修正できないとする論拠の基礎を確定することになる (Feldman, n (5), paras.2.168～2.172. N.MacCormick, "Does the United Kingdom have a Constitution? Reflections on MacCormick v. Lord Advocate" [1978] 29 *N.I.L.Q.*, 1.)。

39 S.Tierney, "Scotland and the Union State" in McHarg & Mullen, n (3), p.30.

40 Dicey, n (2), pp.65, 145.

41 メイトランド, n (1), 442頁。

42 MacCormick, n (2), pp.54-55.

43 MacCormick, n (2), p.55.

44 Dicey国会主権論をめぐる重大な転換点は,後に触れるMacCormick事件におけるクーパー裁判官 (Lord Cooper) の「傍論」によってもたらされ,その後,T.B.スミス (Thomas B.Smith) が「基本法としての1707年連合」を論じ,J.D.B.ミッチェル (J.D.B.Mitchell) (エディンバラ大学憲法教授) が「ブリトゥンの憲法についてのスコットランド中心の解釈」を展開したが,これらと異なって,「連合」に関してナショナリストの観点から論じたのがN.マコーミック (N.MacCormick) であると整理される (Kidd, n (2), pp.127-128)。これに対して,C.マンロ (Colin R.Munro) (エディンバラ大学憲法教授) は,国会主権原理を支持し続けたとされる (Kidd, n (2), p.129)。スコットランドの「法的ナショナリズム」を構築した重要人物は,クーパー (Lord Cooper) およびスミスらであるが,この「法的ナショナリズム」は「政治的ナショナリズム」とは全く異なる現象であるとされる (クーパーは,スコットランドの「法的ナショナリズム」の創始者であるが,政治的にはユニオニストであったとされる) (Kidd, n (2), pp.201-202. 同じ指摘は,McHarg, n (3), p.7)。この点につき,ステアー・ソサエティ編, n (33), 152頁。

45 Himsworth & O'Neill, n (12), para.6.6.

46 T.Smith, "Fundamental Law" in *The Laws of Scotland: Stair Memorial Encyclopaedia*, Vol.5 (The Law Society of Scotland, Butterworths, 1987), para.342.

47 *R (Jackson) v. Attorney General* [2005] UKHL 56.

48 スコットランド議会は、レファレンダムによる承認後に設立されたものであるから、スコットランドにおける世論に反してUK政府によって廃止されるようなことがあれば、UKからの離脱という現実の危険が存することになるとされる（Bogdanor, n(6), p.113）。一方、1972年ECに関する法律も、国会主権原理によれば、他の国会制定法の場合と同様の手続で改廃が可能である。これについて、それは法的には可能だとしても、政治的には困難であるなどとされてきたが、Brexit手続との関係で1972年ECに関する法律は廃止されようとしている（EU (Withdrawal) Bill 2017）。その際、Brexitは、2016年EU離脱レファレンダムによって、事実上、決定された形になったが、同時に、このレファレンダムも国会制定法であるEuropean Union Referendum Act 2015(c.36) によって実施された点が注目される。国会主権は、法的な制約には服さず、憲法的制約に服することはありうるが、その制約も究極的には国会主権によって取り除かれうる（M.Gordon, "The UK's Fundamental Constitutional Principle: Why the UK Parliament Is Still Sovereign and Why It Still Matters"(2015) 26 *King's Law Journal* 229）。

49 J.D.B.Mitchell, *Constitutional Law*, 2nd ed. (Edinburgh, 1968), p.150.

50 Mitchell, n (49), pp.69-74. この点を指摘する、Bradley, Ewing and Knight, n(2), p.69.

51 Mitchell, n (49), p.92.

52 Mitchell, n (49), p.93.

53 Mitchell, n (49), pp.69-70.

54 「仮説的に、二つの連合法は、それに先行するのであるから、国会に対して制約を課しえたのであり、そうした制約は有効でありうると思われる」、また、それが起草者の意図であったと思われるとされる（Mitchell, n (49), p.73）。

55 Bradley, Ewing & Knight, n(2), p.69.「基本法」をめぐって、Smith, n (46) とその改訂版であるN.Walker, Fundamental Law in The Laws of Scotland, Reissue, 2002。

56 Bogdanorは、イギリス憲法（the British Constitution） は、「What the Queen in Parliament enacts is law.」の8語で要約できるとする（Bogdanor, n(6), p.13）。

57 これは、本節(c)で検討されるMacCormick事件判決におけるクーパー裁判官および*Gibson*事件判決におけるキース裁判官（Lord Keith）の「傍論」から推論できることだとされる（MacCormick, n (38), p.11）。

58 Bradley, Ewing & Knight, n(2), p.70.

59 C.Munro, *Studies in Constitutional Law*, 1st ed. (Butterworths), p.65, C.R.Munro, "The Union of 1707 and the British Constitution" in P.S.Hodge ed., *Scotland and the Union*, Hume Papers on Public Policy Vol.2, No, 2 (1994) (Edinburgh University Press, 1994), p.87.

60 Turpin & Tomkins, n(2), p.227, Munro, *Studies in Constitutional Law*, n (59), p.74.

61 Munro, *Studies in Constitutional Law*, n (59), pp.65-66.「ブリトゥンの憲法についての単一憲法モデル」からすると、1707年「連合」によってイングランド議会は新たな国会に取って代わられたのであるが、このことは重視されず、イングランド議会はスコットランド議会の代表を加えつつ実質において継続しているとされ、権力の中心はロンドンに

のみ存し，その頂点に至高かつ主権的である「国会における王冠」が位置するとされる (Tomkins, n(3), p.218)。
62　MacCormick, n(2), p.52.
63　Turpin & Tomkins, n(2), p.223.「連合の枠づくりを行った者は，新たな国会を唯一の立法部としようと意図したが，その場合，①国会が自由に立法することになる事項，②制限された立法権限を有することになる事項，③基本的および変更不可と宣言された事項とを区別した」(Bradley, Ewing & Knight, n(2), p.69)。E. ウィクス (Elizabeth Wicks) は，「連合立法は，それが創設した立法部を拘束するより高次の法 (a higher law) であることが起草者によって意図されたことにほとんど疑いがないように思われる」として，「連合法」の「言葉遣い」をあげる (Wicks, 'A New Constitution for a New State?' n(2), p.118)。しかし，1707年以降，「連合法」に違反する立法は行われてきたが，違反の程度については論争的だとする。たとえば，マンロは「立法の諸条項のほとんどすべては全体としてあるいは部分的に廃止されてきた」(Munro, *Studies in Constitutional Law*, n (59), p.67) とし，J.D.B.ミッチェルは，「二つの連合法は国会によって変更されないまま残っているわけではない」が，そのような変更を行った法律のいずれもが「法的に違反とみなされることができるかどうかは疑わしい」とし，ただし，裁判所および教会に関する規定について「特別保障 (entrenchment) の要素は明白である」こと，国王および国会に関する規定は「新たな王国の基礎を形成する」ものであり，その変更は憲法上の基礎を新たなものに置き換えることになるとした (Mitchell, n (49), pp.97-98)。ウィクスは，「連合法」は，とくにUK憲法は1707年以降多くの変更に服してきたという理由で，今日，「連合法」がそっくりそのまま国会に対して拘束力を有しているわけではないとして，「連合法の規定のすべてが『より高次の法』の地位を有しているわけではないことは明らかである」が，UK国会の存在，スコットランドの法制度の保護というような一定の諸規定はUKの憲法に包摂された結果として政府諸機関を拘束し続けている (Wicks, 'A New Constitution for a New State?' n(2), pp.119-120)，「二つの連合法」・「連合条約」における一定の「憲法的諸価値」(法制度，教会，通商の自由など) は，「基本法として特別保障」されており，1707年設置の国会を法的に拘束している (Wicks, *The Evolution*, n(2), pp.51-52)，とする。
64　Mitchell, n (49), p.70.
65　グレイト・ブリトゥン国会が唯一の立法部なのであるから，事情が変わり「連合」に修正が必要となる場合，グレイト・ブリトゥン国会しか対処できるものがないとされる (Bradley, Ewing & Knight, n(2), pp.69-70.)。
66　Turpin & Tomkins, n(2), p.223.
67　*MacCormick v. Lord Advocate* 1953 SC 396.
68　共著者のR.S.レイト (Robert S. Rait) は，スコットランド憲法史が専門で，グラスゴー大学学長であった。二人は，「明らかに変更不可の法律という条件を創り出すものと思われた1707年の奇妙な制度的配置を考慮に入れて，国会主権原理の微妙な再定式化を試みた」とされる (Kidd, n(2), pp.113-114)。
69　*Gibson v. Lord Advocate* 1975 SC 136.
70　スコットランドの法律家がスコットランドの法的伝統の保持に関心を寄せたのは「公法」ではなく「私法」であったとして，クーパー裁判官は，「連合立法 (Union legislation)」が，ウェストミンスター国会に対して拘束力ある制約を構成したことを原則的に受け入

れる用意があったとしても、スコットランドの「私法」をまったく別のものにする試み、あるいはスコットランド控訴院（民事上級裁判所）を廃止する試みというような極端な場合においてのみのことであったとされる（McHarg, n(3), p.6）。

71　B.Thompsom & M.Gordon, *Cases and Materials on Constitutuinal and Administrative Law*, 12th ed. (Oxford University Press, 2017), p.60. Gordon, n (21), p.115 note.27, p.202 note.40. 歴史的な問題について、J.Goldsworthy, *The Sovereignty of Parliament: History and Philosophy* (Oxford University Press, 1999), pp.166-169. J.D.Ford, "The Legal Provisions in the Acts of Union" (2007) 66 *C.L.J.*, pp.137-139. 今日の通説について、N. Walker, "Scottish Self- Government and the Unitary Constitution" in L.Farmer & S. Veitch eds., *The State of Scots Law: Law and Government after the Devolution Settlement* (Tottel Publishing, 2007), p.99, Tomkins, n(3), p.220。

72　Walker, n (71), p.99.

73　Turpin & Tomkins, n(2), p.227.

74　Himsworth & O'Neill, n (12), para.6.6.

75　「連合法の憲法上の効果という問題は未解決のままである」と言われる（Gordon, n (21), p.60)。

76　スコットランド弁護士会（Faculty of Advocates）は、「創設される最高裁判所は、1689年権利の請求（Claim of Rights 1689）および1707年「連合法」と一致していなければならない」、それらは、「UKの憲法」の基本的部分であり、それに反する最高裁判所についての提案は違法となろうと主張した（Faculty of Advocates, Response to the Consultation Paper by the Secretary of State for Constitutional Affairs and Lord Chancellor: Constitutional Reform: a Supreme Court for the United Kingdom, 2003 cited in Tierney, n (39), p.33）

77　以上、本件は、Lord Gray's Motion [2002] AC 124, [1999] UKHL 53 として、また、Second Report from the House of Lords Committee for Privileges, HL 108- I of 1998-99として記録されている。なお、代表制論について、貴族院議員が貴族院において全体としてのスコットランド人民（people）を代表しているといえるかという問題について、貴族院においてはスコットランド代表貴族の役割は新たなグレイト・ブリトゥン国会におけるスコットランド貴族階級（peerage）の代表であり、将来の新たな貴族階級はグレイト・ブリトゥンの代表である。新たなグレイト・ブリトゥン国会におけるスコットランド人民およびその代表に関する限り、スコットランドの代表は庶民院に議席を有する議員である。代表の原理は、スコットランド選挙区における有権者による庶民院議員の選挙によって満たされているとした（Second Report from the Committee for Privileges, HL 108- I of 1998-99)。ミッチェルは、「連合法」(22条) について、二院制立法部を保証し、そこで「スコットランド代表は両院において固定された」、その「本質的要素は十分な代表の原理である」としていた（Mitchell, n (49), p.96)。

78　Kidd, n(2), pp.115-116.

79　A.Tomkins, "The Constitutional Law in MacCormick v Lord Advocate" (2004) *JR*, pp.221-222.

80　人民主権がスコットランドの伝統と言えるかどうかは論争的である（C.Kidd, "Sovereignty and the Scottish Constitution before 1707" (2004) *JR* 225, M.Lynch and

H.T.Dickinson, "Introduction" in Dickinson & Lynch eds, n (15), pp.1-11。今日のスコットランドの自己統治に対する請求は、「人民主権 (popular sovereignty) という抽象的概念・歴史的な根拠のない説ではなく、単純な民主主義的要求という観点で行われたもの」と見るのが適当であろうとされる (Page, n(2), para.1-02)。

81　Hadfield, n(32), p.622.
82　*Scotland's Parliament: Scotland's Right,* n(16), p.10, Hadfield, n(32), p.622.
83　Hadfield, n(32), p.622.
84　以上につき、Hadfield, n (16), p.218.
85　Smith委員会報告書は、「2014年9月18日レファレンダムおよびUKに残留するスコットランドという文脈において表明された、その必要にとって最適な政府形体を決定するスコットランドの人民の主権的権利を考慮することによって、スコットランドに対する強化された権限移譲制度は、永続性があり応答的かつ民主的なものとなるであろう」、「UK立法はスコットランドの政府および議会は恒久的な制度とすると述べるであろう」、「シーウェル憲法習律は、制定法上の基礎の上に置かれるであろう」とした (The Smith Commission, Report of the Smith Commission for further devolution of powers to the Scottish Parliament, 27 November 2014, paras.20-22)。
86　Thompson & Gordon, n (71), p.389. 権限移譲体制の特徴として指摘されるべきことは、「政府提案について、その立法化に先立って、関係のネイションの選挙民が是認 (endorse) すべきことを必要条件としたということであり、ウェストミンスター国会および権限移譲政府に人民主権 (popular sovereignty) という第三の要素を『変更のための方程式』に付加した」ことだとされる (Hadfield, n (16), p.214)。スコットランド議会がレファレンダムの結果に基づき設立されたものであることから、「スコットランド議会をレファレンダムで表明されたスコットランド人民の承認なしに廃止することは容易なことではない」ことは早くから指摘されていた (Bogdanor, n(6), p.113)。
87　Hadfield, n (32), p.623.
88　このような問題の捉えかたは、Gordon, n (21), p.202による。
89　Lord Hope in *R (Jackson) v. Attorney General* [2005] UKHL 56, paras.104, 106.

第2章
スコットランドと連合王国
■歴史的,政治的文脈から見た分離独立レファレンダムへ向けた動き

力久　昌幸

1　はじめに

　1990年代末の労働党政権による権限移譲改革は,国家レヴェルと地方レヴェルの間に,スコットランド議会・政府など地域レヴェルの新たな統治機構を生み出すことにより,イギリス(連合王国)の憲法体制を「多層ガヴァナンス」[1]の方向に発展させる大きな契機となった。イギリスの権限移譲改革を理解するためには,改革が実現した時期だけでなく,イギリスという国家の成り立ちから見ていく必要がある。また,1990年代の改革は,権限移譲の実現に向けた初めての試みではなく,挫折に終わったが1970年代にも同様の試みがなされていた。1970年代と1990年代の権限移譲改革を比較検討することにより,前者の挫折と後者の実現に関して,より深い理解を得ることができるだろう。

　1999年スコットランド議会などの設立によって,権限移譲を求める動きが終わったわけではなかった。1990年代末の改革は不十分として,権限移譲の拡大を求める声は議会設立当初からあったのである。2007年スコットランド議会選挙において,分離独立をめざすSNPが政権についたことをきっかけとして,権限移譲の拡大が一定程度実現した。一方,SNP政権はスコットランド議会で過半数議席を持っていなかったことから,最大の目標である独立に向けた進展は見られなかった。

　2011年スコットランド議会選挙において,SNPが想定外の過半数議席を獲得したことで分離独立レファレンダムが現実化することになった。2014年に行われたレファレンダムでは分離独立が否決されたが,独立反対票の掘り起こしのためになされた約束にもとづいて,スコットランド議会の権限はさらに拡大

した。こうして,スコットランド議会が設立されて以降,2度にわたってその権限は強化されたのである。そして,権限移譲が進展するきっかけを提供したSNPの勢力拡大により,スコットランドが大幅な自治権を持つようになっただけではなく,イギリスからの分離独立という,かつては見向きもされなかった問題が今や主要な争点として議論されるようになっている。

　本章では,まず,単一国家ではなく連合国家として形成されたイギリスという国家の成り立ちについて確認する。次に,挫折に終わった1970年代の権限移譲を求める動きを見ることにする。そして,1990年代の権限移譲改革を成功に導いた背景を確認したうえで,2014年の分離独立レファレンダムとその後の権限移譲の拡大をめぐる政治過程について検討する。最後に,レファレンダムにおける否決にもかかわらず,分離独立問題がスコットランドの将来を左右する最大の争点となっていることを指摘する。

2　連合国家としてのイギリス

　イギリスの正式国名は,「グレイト・ブリトゥンおよび北アイルランド連合王国 (United Kingdom of Great Britain and Northern Ireland)」(以下,UKと表記する)である。イギリスは日本のような単一国家ではなく,四つの部分,すなわちイングランド,スコットランド,ウェールズ,北アイルランドの間の連合によって成り立つ連合国家なのである。

　1990年代末の権限移譲改革によって,スコットランド,ウェールズ,北アイルランドに一定の権限を持つ議会が設立されるまで,イギリスは中央集権の単一国家であるとする見方が強かった。労働者階級対中産階級という階級対立を特徴とする同質的な社会,ロンドンの連合王国国会に最高の権力が存在するという国会主権の原理,そして,執政府の優位を通じて二大政党が交互に権力を行使する中央集権的な政治制度を有するイギリスは,まさに単一国家の典型のように見られていた[2]。

　しかし,単一国家の概念は,権限移譲改革以前のイギリスを適切に捉えるものではなかった[3]。なぜなら,ロンドンのUK国会および政府が政治権力を行使する一方で,スコットランド,ウェールズ,北アイルランドには独自の政治行

政制度が存在し，さらにはそれぞれの文化的伝統にもとづいて，ブリティシュ・アイデンティティ（British identity）とは異なる独自のアイデンティティが保持されていたからである。

　イギリスに編入されるまで独自の国家を持たなかったウェールズやアイルランドとは異なり，スコットランドは約300年前まで独立した王国であった。1707年の連合法によってスコットランドはイギリスの一部となったが，それはスコットランドとイングランドの間で合意された国際条約にもとづいていた。すなわち，独立国であったイングランドとスコットランドが，相互の合意によってイギリス（正式にはグレイト・ブリトゥン王国：Kingdom of Great Britain）という新たな国家を立ち上げたのである。

　イングランドとスコットランドの国家合同は，実質的には大国であるイングランドが小国のスコットランドを吸収したと見ることもできるが，形式的には二つの独立国家が両国の合同を合意して成立することになった。そうした経緯，および，国家合同以降，スコットランドが法制度や教育制度などで一定の独自性を維持したことから，先述のように，イギリス（UK）は中央集権が確立した単一国家とは異なる特質を持つ連合国家として発足したと捉えることができる。あるいは，イギリスという国家の形態については，統治権力はUK国会に集中する中央集権体制をとりつつも，スコットランドに対して宗教，教育，法など広範な制度に関して異なる取り扱いを許容するという特徴が，その発足時点から見られたとすることができるかもしれない[4]。なお，1999年末の権限移譲改革以降に出された議会文書であるが，貴族院の憲法体制に関する特別委員会（Select Committee on the Constitution）の報告書において，イギリスの国家形態に関して連合国家（union state）という概念が使用されている[5]。

　1707年の国家合同以降，行政面でもスコットランドの独自性を強化する制度改革がなされた。たとえば，1885年にはスコットランドの行政を担当する政府機関として，スコットランド省が設立された。スコットランド省の権限は次第に拡大され，1926年にはスコットランド省を担当する大臣は「スコットランド大臣（Secretary of State for Scotland）」として，内閣の主要メンバーの地位に引き上げられた。そして，1970年代になると，外交，軍事，租税，マクロ経済政策などを除いて，スコットランド省・大臣がスコットランドに関係する多くの

分野の権限を掌握することになった。

　行政面と並んで，立法面でもスコットランドの独自性に配慮した制度改革がなされた。UK国会の立法過程において，スコットランドに関する事項については，スコットランド選出議員が中心となって審議する仕組みが導入されたのである。それが「大委員会（Grand Committee）」と呼ばれる制度で，スコットランド大委員会だけでなく，ウェールズや北アイルランドについても，それぞれ大委員会が設置された。また，代表についても，スコットランドやウェールズ，北アイルランドは，イングランドと比べると人口比での庶民院議員数がより手厚く配分される過剰代表となっていた。さらに，政府の公共支出についても，スコットランドやウェールズ，北アイルランドは，イングランドよりも一人あたりの支出額について，より多い配分を受けていたのである。このように，スコットランドをはじめとするケルト系周辺地域に対して，イギリスの中央政府はかなりの配慮を行っていた。

3　1979年レファレンダム――権限移譲の挫折

　1707年の国家合同以降，さまざまな分野で制度的な独自性の維持が認められたのに加えて，行政，立法，代表などについても中央政府によって一定の配慮がなされたことから，スコットランドでは長期にわたってイギリスからの分離独立はおろか，一定の自治権を求める動きでさえ強くはなかった。

　たとえば，19世紀末からアイルランド自治問題が政治課題として重要性を増したことで，自由党のW.グラッドストン（William Ewart Gladstone）首相は難題とされたこの問題に取り組むようになった。その中で，単にアイルランドだけでなくイギリス全体に自治の枠組を広げるべきであるという考え（Home Rule All Round）が出現した。それを受けて，スコットランドでは自由党関係者が中心となって，1886年にスコットランド自治協会（Scottish Home Rule Association）が結成された。しかし，第一次世界大戦後の自由党の衰退や，自由党に代わって二大政党の一角を占めた労働党が必ずしも積極的ではなかったことから，スコットランド自治を求める動きは，第二次世界大戦後のしばらくの間は大きな勢力にはならなかった。

1960年代末に変化が訪れた。この時期から、スコットランド独立をめざすSNPが、急速に支持を拡大したのである。1934年に結成されたSNPは、長い間、勢力の小さないわば泡沫政党であった。SNPが長い低迷時代を脱して台頭するきっかけとなったのは、1967年11月に労働党の地盤で行われた補欠選挙での予想外の勝利であった。補欠選挙での勝利をきっかけとしてSNPは急速に党勢を拡大し、1974年10月総選挙においてスコットランドでの得票率に関して第一党の労働党に迫るほどの成果を上げるまでになった。[10]

ところで、SNPの台頭が見られた1960年代末まで、スコットランドにおいて自治や独立を求めるナショナリズムが弱体だった主な理由は、イギリスの帝国（植民地）に対するスコットランド人の関わりに求められる。かつて独立した王国であったスコットランドがイングランドと国家合同を果たした18世紀以降、広大なイギリスの植民地において、多くのスコットランド人が商人、軍人、行政官として活躍していた。帝国の利益を享受していたスコットランド人にとって、イギリスから独立して帝国への関与を失うことは考え難かった。しかし、戦後のイギリスは次々と植民地を失っていった。脱植民地化は1960年代にはほぼ完了し、イギリスはヨーロッパの中規模国家に戻った。スコットランドがイギリスにとどまるインセンティヴを弱めた帝国の解体は、自治や独立を求めるナショナリズムの追い風になったのである。[11]

1974年の総選挙において、SNPが労働党に迫るほどの躍進を遂げた背景には、次の二つの要因が影響していたとすることができる。

第一に、1973年の第一次オイル・ショックを契機とする厳しい経済危機とそれに触発された労働争議の拡大が、それまで交代で政権を担当してきた保守党と労働党という二大政党の統治能力に対する有権者の信頼を動揺させた。この時期、イギリス全体では第三党である自由党に二大政党批判票が流れたが、スコットランドではそうした批判票はSNPに集中したのである。

第二に、この時期にスコットランドが面する北海の海底に、かなりの量の石油が埋蔵されていることが明らかになったことが、政治状況を大きく変化させた。北海油田の発見を受けて、SNPは「これはスコットランドの石油だ（"It's Scotland's Oil"）」というスローガンを掲げてキャンペーンを行った。スコットランドがイギリスから独立しても経済的に自立できるばかりか、むしろ豊かにな

るとして独立論を強く訴えたのである。スコットランド人のかなりの部分が，北海油田の収益によって独立後のスコットランドは経済的に自立可能というSNPの主張に説得されたようである。[12]

SNPの躍進に危機感を持った労働党政権の下で，スコットランドに議会を設立して権限移譲を行うために，その是非を問うレファレンダムが実施された。SNPは一定の権限を持つスコットランド議会の設立を，分離独立へ向けた第一歩として支持した。しかし，1979年3月のレファレンダムは皮肉な結果となった。有効投票総数の過半数(51.6%)が権限移譲に賛成したが，それは議会の設立に十分な票数ではなかった。なぜなら，投票率63.6%で51.6%が賛成投票したということは，有権者総数の32.9%が賛成したということになるが，その割合は，権限移譲を実現するためには有権者総数の少なくとも40%が賛成票を投じなければならない，という条件を満たしていなかったからである。[13]

レファレンダムの挫折を受けて，SNPは野党第一党の保守党とともに，すぐさま労働党政権の不信任決議案を提出した。労働党政権に対する不信任決議案は，保守党，SNPなど野党議員の多くの賛成により，311票対310票という1票差で可決することになった。不信任決議案が可決されたことで，1979年5月に行われた総選挙でM.サッチャー(Margaret Thatcher)率いる保守党が政権に復帰した。この総選挙では，労働党が大きく議席を減らしたが，労働党よりも敗北の打撃が大きかったのはSNPであった。SNPは前回総選挙で獲得した11議席のうち9議席を失い，得票率もほぼ半減という大敗北を喫したのである。[14]

4　1997年レファレンダム——権限移譲の実現

レファレンダムの挫折にもかかわらず，権限移譲の実現を求める動きは継続することになった。1979年総選挙以降，18年間にわたって保守党政権が継続する中で，権限移譲に対するスコットランドの人々のコミットメントはむしろ強固なものになったのである。

権限移譲を求める動きを継続させた大きな要因は，保守党政権が追求した新自由主義改革であった。保守党政権が民営化や規制緩和などの新自由主義的政策を推進したことで，スコットランドの製造業は衰退し，それに伴って大量の

失業者が発生した。保守党政権の改革の中でも、特に反発を買ったのが人頭税[15]であった。逆進性が強く、低所得層に大きな負担を強いる人頭税については、スコットランドだけでなくイギリス全体でも強い批判が見られたが、庶民院で圧倒的多数を握る保守党政権はこれを断行した。そして、全国的な導入に先駆けて、スコットランドにおいて1年早い1989年に導入されたことが、保守党政権はスコットランドを新しい政策の実験台にしている、という強い不満を生み出したのである。[16]

　保守党に対するスコットランド人の反発を特に強めることになったのが、スコットランドで支持されていない保守党がスコットランドの統治権を握っていたことであった。保守党は1979年総選挙以降、イギリス全体では4回連続で勝利していたが、スコットランドでは第一党の労働党のはるか後塵を拝していた。スコットランドでは少数の支持しか得ていない保守党が、中央政府の権限にもとづいて人頭税など人々の反発を買う政策を断行していたのである。そのため、保守党はスコットランドを統治する権限を持たないとする「統治権欠如(no-mandate)論」が広がることになった。

　スコットランドにおける保守党の衰退を明確に示したのが1987年総選挙であった。この選挙で、保守党はスコットランドの72議席中、わずか10議席しか獲得できず、50議席を獲得した労働党に大差をつけられた。[17] しかし、イギリス全体では保守党が勝利してサッチャーの三選が決まったことから、スコットランドでは少数の支持しか得ていない保守党政権が、先述のように人頭税などの反発を買う政策を実施したのである。

　レファレンダムでの挫折以後も、スコットランドでは自治を求める市民運動が粘り強い活動を行っていた。レファレンダム後に活動を開始した「スコットランド議会を求める運動(Campaign for a Scottish Assembly)」は、権限移譲を実現するために超党派の協力関係を作り上げることをめざしていた。そして、1987年総選挙後にスコットランド自治を求めて出された宣言「スコットランドのための権利の請求(A Claim of Right for Scotland)」を受けて、1989年には超党派団体の「スコットランド憲政会議(Scottish Constitutional Convention)」が発足した。この団体には、労働党、自由民主党、緑の党など政党の代表に加えて、労働組合、教会、地方政府、その他広範な市民団体の代表が参加した。なお、

スコットランド議会の設立に反対する保守党や,権限移譲よりも分離独立を求めるSNPは参加しなかった。[18]

スコットランド憲政会議においてスコットランド議会の基本的な枠組が合意された。1995年の報告書『スコットランドの議会,スコットランドの権利 (*Scotland's Parliament: Scotland's Right*)』では,選挙制度として,小選挙区制 (first-past-the-post) ではなく,比例代表制の一種である追加議員制 (Additional Member System) が提示された。追加議員制とは,小選挙区制に比例代表制の要素を加えた選挙制度で,有権者が小選挙区と比例代表の2票を持つ,いわゆる小選挙区比例代表併用制にあたる。スコットランド議会の129名の議員のうち,73名を小選挙区から,56名を8選挙区(各7名選出)から拘束名簿式比例代表制によって選出するとされていたが,この制度は実際にスコットランド議会の選挙制度として採用された。また,1979年のレファレンダムの際よりもスコットランド議会の権限を大幅に強化する構想が示された。すなわち,経済開発,農業,漁業,林業,医療,教育,職業訓練,地方政府,住宅,環境,交通,文化,スポーツ,研究開発など広範な分野に関する立法権,および,所得税の税率を上下3%の範囲内でイギリス全体の税率から変更する権限が,スコットランド議会に付与されることになっていたのである。なお,1999年に設立されたスコットランド議会の権限については,上記のような内容がほぼそのままの形で実現することになった。[19]

労働党の政権奪還が期待された1992年総選挙では,保守党が予想外の勝利を収めたために,スコットランドへの権限移譲は実現しなかった。しかし,労働党は権限移譲に対するコミットメントを維持することになった。1997年総選挙に向けたマニフェストでは,権限移譲改革の是非を問うために,総選挙後速やかにレファレンダムを実施することが公約された。ちなみに,レファレンダムで問われる内容は,議会設立の是非だけでなく,それとは別個に所得税率変更権付与の是非についても問われることになっていた。なお,前回の失敗の教訓を生かして,有権者総数の40%以上の賛成を必要とする条件は加えられなかった。[20]

労働党は1997年総選挙に勝利して政権に復帰した。そして,総選挙から4ヶ月後の1997年9月に,スコットランドおよびウェールズで権限移譲の是非を問

うレファレンダムが実施された。今回のレファレンダムでは前回とは全く異なる様相が見られた。前回のレファレンダムでは労働党が権限移譲賛成派と反対派に割れていたが,今回は一部の例外を除いて賛成の立場で一致していたのである。また,賛成派運動団体として結成された「スコットランド前進(Scotland Forward)」を通じて,労働党,SNP,自由民主党,緑の党など主要政党の協力関係が構築された。それに対して,反対派団体の「再考せよ(Think Twice)」は,総選挙惨敗によりスコットランドの議席をすべて失った保守党が中心となったので,有権者に対するアピール力の欠如に苦しめられた[21]。

1997年のレファレンダムでは,スコットランド議会設立の是非および所得税率変更権付与の是非という二つの問いについて,前者は賛成74.3%,反対25.7%,後者は賛成63.5%,反対36.5%という大差で,いずれも承認された。1979年のレファレンダムとは異なり,1997年のレファレンダムにおいて権限移譲が大差で承認された背景には,18年間に及ぶ保守党政権の統治に対する反発が高まる中で,中央政府の影響から一定程度隔離された自治権を求める声が強まったことがあった。

レファレンダムによる承認を受けて,1999年5月にスコットランド議会が設立された。1707年のイングランドとの国家合同により廃止されていたスコットランド議会が,ほぼ300年ぶりに復活したのである[22]。

5 権限移譲の拡大と分離独立問題の浮上

スコットランド出身の労働党党首J.スミス(John Smith)は,心筋梗塞で亡くなる2ヶ月前の1994年3月に開かれたスコットランド労働党大会において,スコットランド議会の設立は「スコットランドの人々の確固たる意志(settled will)である」[23]と述べていた。たしかに,1999年に設立されて以降,スコットランド議会の存在を疑問視し,その廃止を求める人々は圧倒的な少数派となった。しかし,他方でスコットランド議会の権限は十分ではないとして,財源について中央政府の一括補助金に依存する状況を改めて課税権限を強化するなど,財政面での権限拡大を支持する声が強まっていた[24]。

権限移譲の拡大を求める声にもかかわらず,スコットランド議会の第一期

(1999年～2003年) および第二期 (2003年～2007年) には，権限の見直しが検討されることはなかった。この間，スコットランドで政権を握ったのは労働党と自由民主党であった。労働党は，1999年と2003年のスコットランド議会選挙でそれぞれ56議席，50議席を獲得して第一党となっていたが，過半数の65議席には達しなかった。そこで，2回の選挙で17議席を獲得した第四党の自由民主党と連立政権を形成したのである。連立与党のうち，自由民主党はかねてからイギリスを連邦国家に変える目標を掲げてきたことから，スコットランド議会の権限拡大についても前向きであった。しかし，連立政権のジュニア・パートナーである自由民主党は，シニア・パートナーの労働党が権限移譲の拡大に慎重だったことから，この問題に関する進展を強く迫ることはできなかった。

なお，この時期，労働党が権限移譲の拡大に慎重だった理由は，一つはスコットランド議会の権限強化による存在意義の低下を懸念するスコットランド選出庶民院議員の反対であったが，もう一つは中央の労働党指導部がこの問題に必ずしも積極的ではなかったことであった。そのため，スコットランド労働党党首で2001年から2007年までスコットランド首相 (第一大臣: First Minister) を務めたJ.マコーネル (Jack McConnell) は，スコットランド議会が取り組むべきは，権限のさらなる拡大ではなく，すでにある権限を使って人々の生活を向上させることであると述べていた。[25]

2007年スコットランド議会選挙で実現した，労働党と自由民主党の連立政権からSNPの単独少数政権への政権交代は，権限移譲の拡大などスコットランドをめぐる憲政改革の問題にスポットライトを当てることになった。この選挙では，労働党とSNPの間で激しい競り合いが見られたが，結果は47議席を獲得したSNPが46議席に終わった労働党を1議席上回った。選挙後に新政権のイニシアティヴをめぐって労働党とSNPの間で駆け引きが見られたが，結局のところ，第一党のSNPが党首のA.サーモンド (Alex Salmond) を首相として単独少数政権を形成することで決着した。

SNP政権はすぐにスコットランドの将来に関する政府白書を公刊したが，その中では権限移譲の拡大から分離独立までさまざまな選択肢が検討されていた。また，白書の公刊に合わせて，スコットランドの将来の統治形態に関して広範な議論を喚起する活動 (national conversation) が開始された。こうした独立

をめざすSNP政権のイニシアティヴに対抗して，労働党はスコットランド議会の権限拡大を検討する超党派委員会の設置を提案した。後に「カルマン委員会（The Calman Commission）[26]」として知られる検討委員会には，労働党に加えて保守党，自由民主党など独立に反対する政党の代表，それに有識者や各種団体代表などが参加した。一方SNPは，カルマン委員会の議題が権限移譲に限定され，独立の問題が検討対象に含まれないことを批判して参加しなかった。

　2009年6月に発表されたカルマン委員会の最終報告書は，スコットランド議会の所得税率変更権（上下3％の範囲内）を拡大する内容を提案していた。すなわち，スコットランドに適用される所得税の税率を10％引き下げ，それに伴う減収分を一括補助金から削減する。そして，一括補助金の削減分を所得税でどのように埋め合わせるかは，スコットランド議会が自由に決定すべきとされたのである。こうした所得税に関する権限強化に加えて，一部の資産税などの課税権移譲や，公共投資のための一定の借り入れ権限の付与などが提案されていた。[27] カルマン委員会の提案は，2010年総選挙後に発足した保守党と自由民主党の連立政権の下で，2012年スコットランド法（Scotland Act 2012 (c.11)）に結実することになった。

　2011年スコットランド議会選挙は，それまでの選挙とは全く異なる結果となった。SNPが比例代表制の色合いが強い追加議員制では困難とされた単独過半数議席を獲得したのである。この選挙でSNPはスコットランド議会の129議席中69議席を占めることになった。分離独立レファレンダムを公約していたSNPは，過半数議席を獲得したことでレファレンダムを実施する姿勢を明確にした。しかし，スコットランド議会で過半数議席を持つSNPは，レファレンダムを実施する民主主義的正統性を有していたかもしれないが，レファレンダムに関する法的権限を有していたわけではなかった。なぜなら，イギリスの国家構造（憲法事項）に関する権限は，スコットランド議会ではなくUK国会にあったからである。

　そこで，スコットランドのSNP政権とイギリスの保守自民連立政権との間で交渉が行われた。その結果，2012年10月にスコットランドのサーモンド首相とイギリスのD.キャメロン（David Cameron）首相の間でエディンバラ協定が結ばれた。この協定では，2014年中のレファレンダムの実施が合意される一方，

レファレンダムの選択肢については分離独立への賛否という二択に限られることになった。この内容は，SNPなど独立を求める勢力と，連立政権など独立に反対する勢力の妥協を反映していた。SNPは，スコットランドにおいて独立支持が多数となっていなかったことから，有権者を説得するキャンペーン期間を長くとるためにレファレンダムを2014年に実施することを望んでいた。それに対して，連立政権は，外交・防衛・マクロ経済などを除いた全ての権限をスコットランド議会に与える「最大限の権限移譲（devolution max）」をレファレンダムの選択肢に加える，というSNPの要望は受け入れられないという姿勢をとっていた。[28]

6　2014年分離独立レファレンダム

　エディンバラ協定成立前の2012年春の時点で，分離独立レファレンダムの実施を見越して，SNPを中心とする独立賛成派は「イエス・スコットランド（Yes Scotland）」を，そして，労働党，保守党，自由民主党など独立反対派は「ベター・トゥギャザー（Better Together）」という運動団体を立ち上げていた。その後，2014年秋のレファレンダムの投票日まで，ほぼ2年半にわたる長いキャンペーンを通じて，経済，福祉，外交，安全保障などさまざまな争点をめぐって，賛成派と反対派が議論を戦わせることになった。そして，レファレンダムの投票日が近づくにつれて，主戦場となる争点として経済に関わる問題が浮上したのである。

　2014年初頭に行われた世論調査において，レファレンダムの帰趨を決すると思われる要因が浮き彫りにされた。それによると，イギリスからの分離独立によって年間500ポンド（1ポンド＝約180円という当時の為替レートで計算すると9万円）豊かになる場合に，レファレンダムでどのような投票をするのか聞くと，回答者の実に52％が独立に賛成投票すると答えていた。それに対して，反対投票すると答えた割合は30％にとどまった。これは，スコットランドの人々は，経済的なメリットについて確信することができれば，イギリスからの分離独立を支持する用意があるということを指し示していた。

　一方，経済的なデメリットが明らかな場合の投票行動意図について，世論調

査は非常に明確な結果を表していた。分離独立によって年間500ポンド貧しくなる場合の投票行動に関する回答では，独立に賛成が15％にまで激減し，反対が72％と圧倒的多数になっていたのである。独立賛成派のSNPや「イエス・スコットランド」としては，スコットランド独立によって人々の生活が目に見えて良くなることを説得できるかどうかが，レファレンダムでの賛否の鍵を握っていたことが，よく分かる調査結果が示されていた。[29]

このように，分離独立は経済的に得なのかあるいは損なのか，といういわば「損得勘定」が，人々の選択を大きく左右することになるだろうということが明らかだったために，レファレンダムの争点の中でも，特に経済に関する争点に焦点が当てられていくことになった。まさに，分離独立を促進あるいは抑制する要素として，経済的要因の重要性について独立賛成派，反対派ともに強く意識していたわけである。

独立が経済にどのような影響をもたらすのかという点に関して，有権者は対照的な将来像を提示された。すなわち，独立賛成派によれば，イギリスの中でもスコットランドは豊かな経済を有し，その発展可能性は独立によってさらに高まるとされた。そして，スコットランドと同規模の経済を持つヨーロッパの国々は，概してイギリスよりもよい経済パフォーマンスを見せており，もしスコットランドが過去30年間にこれらの諸国と同程度のパフォーマンスを達成していれば，1人あたり年間900ポンド豊かになっていた，という主張で独立の経済的メリットが示されることになった。[30] また，北海油田や生産性向上にもとづく税収増加により，独立後15年のうちに1人あたり年間1000ポンド豊かになるという主張もなされた。[31] それに対して，イギリス財務省などの経済予測にもとづく独立反対派の主張では，スコットランドはイギリスの一員であることにより，1人あたり年間1400ポンドのメリットを手にしているが，独立によってこうしたメリットが失われる危険が示された。さらに，イギリスの一員であることは，近年の金融危機で困難に陥ったスコットランドの銀行に対する救済策が示すように，経済危機に対処するために不可欠な保険としても大きな意味を持っていることが強調された。[32]

ほぼ2年半にわたるキャンペーンを通じて，世論調査では独立反対が賛成にかなりの差をつけていた。しかし，レファレンダムの投票日が迫るにつれて賛

否の差は縮小し，独立賛成が反対を上回るものも見られるようになった[33]。大差での勝利が予想されていたにもかかわらず，独立賛成派の追い上げで予断を許さぬ接戦となったために，キャメロン首相など独立反対派の各政党党首は，スコットランドの主要紙に連名で「誓約（The Vow）」を掲載した。「誓約」の中では，レファレンダムで独立が否決された場合に，スコットランド議会の権限を大幅に拡大することが約束された。また，その内容は，次期総選挙に向けた各政党のマニフェストに明記されることになった[34]。それにより，総選挙でどの政党が勝利したとしても，スコットランドへのさらなる権限移譲は確実に実施される，ということが強くアピールされたのである。

　ちなみに，レファレンダムの投票結果を左右するうえで，「誓約」が大きな影響を与えたと言うことはできない。なぜなら，わずかな変化ではあったが，「誓約」が出される数日前から世論調査の動向は独立賛成から反対の方向への揺り戻しが見られたからである。また，レファレンダム後に行われた調査では，レファレンダムの投票に対して「誓約」が影響を与えたかという質問に，7割もの圧倒的多数の人々が何の影響もなかったと答えていた。なお，「誓約」が投票に何らかの影響を与えたと答えた3割の人々については，独立反対に傾いたという人々よりも独立賛成に傾いたという人々の方がわずかながら多かったことから，「誓約」の影響は，良くて中立的，悪くすると独立賛成論を後押しする逆効果をもたらしたと言えるかもしれない[35]。

　それでは，分離独立レファレンダムにおいて独立否決の結果をもたらした要因として，どのようなものが考えられるのだろう。その点について考えるうえで示唆的なのが，分離独立のような憲法上の重要な変化が争われるレファレンダムにおいては，投票日が近づくにつれて現状維持の選択肢に対する支持（分離独立の争点で言えば独立反対支持）が増大するという，過去のレファレンダムにおいて見られた一般的な傾向である。レファレンダム・キャンペーンの終盤で独立賛成派に追い上げられた反対派が，最終的には投票結果においてある程度の差をつけて勝利できた背景には，「誓約」の影響よりも，レファレンダムの投票行動における現状維持の選択肢の優位性があったとすることができる。その意味では，独立反対派による独立の経済的打撃を強調する「恐怖のプロジェクト」は，一定程度あるいは相当程度効果があったと言えるかもしれない[36]。

2014年9月18日に投票が行われたレファレンダムの結果は，独立に反対が55.3%，賛成が44.7%で，約10ポイント差でスコットランドの独立が否決された。なお，投票率は84.6%であった。84.6%という投票率は，2010年総選挙での63.8%，2011年スコットランド議会選挙での50.4%をはるかに超えて，20世紀初頭に普通選挙が導入されて以来，スコットランドの各種選挙で史上最高の数値であった。[37]

　レファレンダムの敗北を受けてサーモンド首相は辞任し，後任にはN.スタージョン（Nicola Sturgeon）がスコットランド初の女性首相となった。レファレンダムで独立が否決されたことは，スコットランドをめぐる憲政改革が一段落したことを意味しなかった。なぜなら，上述のように投票日直前に出された「誓約」により，スコットランド議会の権限拡大が約束されていたからである。

　レファレンダム直後に設置されたスミス委員会（The Smith Commission）には，独立賛成派と反対派の双方を含むスコットランドの主要5政党の代表がメンバーとして参加し，スコットランド議会に新たに移譲される権限について検討がなされた。[38] 2014年11月に発表されたスミス委員会の報告書では，財政権限の移譲について，所得税の全面的な移譲が提案されたほか，付加価値税の税収の半分をスコットランドの独自財源として割り当てる提案が示された。また，それまで全国同一の制度を維持することが肝要なので，スコットランドへの権限移譲の対象としてなじまないとされていた社会保障についても，障害者向けの給付や低所得層向けの住宅給付などいくつかの分野で権限移譲の提案が示された。さらに，有権者資格などスコットランド議会選挙に関わる制度についても権限移譲の対象とされた。[39] スミス委員会の提案は，2015年総選挙後に，保守党政権によって2016年スコットランド法（Scotland Act 2016 (c.11)）にまとめられた。

7　おわりに

　レファレンダムで独立が否決されたことで，この問題はひとまず決着したかのように思われた。独立反対派はもちろん，独立賛成派のサーモンドSNP首相でさえ，レファレンダムは「一世代に一度（once in a generation）[40]」の機会と述

べていた。「一世代」の期間については議論があるかもしれないが，少なくとも今後10年以上は分離独立レファレンダムが実施されることはない，という見方が広がっていたのである。

　しかし，二つの進展が分離独立レファレンダムの再度実施を引き寄せたかのように思われた。一つは，レファレンダム後の政党勢力の大規模な変化である。あたかも敗者が勝者で勝者が敗者であるかのような変化が，スコットランドの政党勢力に見られた。レファレンダム後の政治が一変したことは，まず各政党の党員数に現れた。独立反対派政党の党員数が伸び悩んだのに対して，独立賛成派のSNPや緑の党は，入党者の急増により党員数がレファレンダム前の数倍に膨れ上がったのである。[41] こうした党員数の変化に現れた勢いは，2015年総選挙と2016年スコットランド議会選挙でのSNPの圧勝をもたらした。2015年総選挙において，SNPはスコットランドの59議席のうち56議席を獲得するという歴史的大勝をあげた。また，2016年スコットランド議会選挙では，記録的勝利を収めた前回2011年選挙から若干議席を減らしたものの，63議席を獲得して第一党の地位を守ったのである。このようにレファレンダム後の政治状況が明らかに独立賛成派に傾いたことから，分離独立レファレンダムを再度実施することを求める声も強まった。

　もう一つの進展は，2016年6月23日に行われたイギリスのレファレンダムにおけるEU離脱の決定である。このレファレンダムにおいて，スコットランドでは残留票が62.0%と圧倒的多数を占めたが，イギリス全体では離脱票が51.9%と僅差で多数となったのである。[42] その結果，スコットランドは自ら望まないEU離脱を，イギリスによって強制される状況に直面することになった。なお，EUレファレンダムの前月に行われたスコットランド議会選挙に向けたSNPのマニフェストでは，このレファレンダムにおいてスコットランドでは残留多数となったにもかかわらず，イギリス全体で離脱多数となったことにより，EU残留を望むスコットランドの意志に反して離脱を強いられるような「著しく重大な変化 (significant and material change)」が生じた場合には，分離独立レファレンダムを再度実施することを辞さない立場が示されていた。[43]

　EUレファレンダムにおいて，まさに「著しく重大な変化」にあたる離脱という結果が出たわけだが，スタージョンSNP首相はすぐに二度目の分離独立

レファレンダムの実施を求めたわけではなかった。イギリスのEU離脱に伴う経済的打撃を和らげる手段として，スコットランドをEUの単一市場に留める方策がまずは追求されたのである。しかしながら，こうしたスタージョン首相の求めにもかかわらず，イギリス政府は2017年3月29日にEU条約にもとづいて公式の離脱通告を行う前に公表した白書において，EUの単一市場への残留を求めないこと，および，スコットランドなど一部地域が単一市場に留まることも認めないという方針を明らかにした。[44]スコットランドのEU単一市場残留が否定されたことを受けて，スコットランド議会では分離独立レファレンダムの再度実施を求める決議が，SNPと緑の党による賛成多数で可決された。[45]

　先述のように，分離独立レファレンダムを実施する権限はスコットランド議会にはなく，UK国会に留保されていた。キャメロン後任のT.メイ（Theresa May）保守党首相は，イギリス全体として混乱なくEU離脱を実現することが最優先課題なので，今はレファレンダムを実施する時期ではないとして，スコットランド議会決議にもとづくスタージョンの要請を拒否する姿勢を示した。

　分離独立レファレンダムの実施をめぐってイギリスの保守党政権とスコットランドのSNP政権の対立が深まる中，2017年6月8日に行われたイギリスの総選挙において，SNPは前回獲得した56議席から21議席を失って，35議席へと後退することになった。それに対して，保守党，労働党，自由民主党など独立に反対する全国政党が，いずれもSNPの議席を奪って議席増を果たしていた。総選挙におけるSNP後退の一因として，分離独立レファレンダムの実施の是非が大きな争点となったことで，独立に不安を抱く有権者が保守党などに投票したことが挙げられている。[46]いずれにせよ，2015年総選挙，2016年スコットランド議会選挙におけるSNPの躍進で，実施に向けた動きが強まったかのように思われた二度目の分離独立レファレンダムは，2017年総選挙でのSNPの退潮により，近い将来に実施される可能性が低下したのではないかと見られることになった。

　以上のように，2014年のレファレンダムにおいて分離独立が否決された後，スコットランド独立の是非を問うレファレンダムを再度実施する問題をめぐって，状況は非常に流動的であると言うことができる。たしかに，2017年総選挙におけるSNPの退潮がレファレンダムに向けた熱気を冷ました感は否めな

い。しかし，この選挙ではそれまで庶民院の過半数議席を有していた保守党が過半数を失って少数政権となったことで，イギリス政治の不安定さが一段と高まったことも事実である。その結果，イギリスのEU離脱の行方についても不透明感が強まっており，今後の政治状況次第ではスコットランドにおいて独立論が再び勢いを取り戻すことも想定される。

　総選挙後の2017年6月27日のスコットランド議会本会議における声明において，SNPのスタージョン首相は分離独立レファレンダムに関するスケジュールをリセット（reset）することを明らかにした。レファレンダムの実施に向けた準備作業を凍結する一方で，2018年秋頃には大詰めを迎えると想定されるイギリスのEU離脱交渉において，スコットランドの利益を最大限反映させる努力をするということが約束されたのである。[47]こうしてSNPはレファレンダムを2018年秋頃まで実施しないことを明確にしたが，他方でそれ以降の時期については実施の余地を残していると見ることもできる。有権者の間でEU離脱によりスコットランドが多大な不利益を被るという認識が強まれば，スタージョン首相が分離独立レファレンダムの再度実施というギャンブルに踏み切る可能性は否定できない。何より，2021年までのスコットランド議会の任期中は，SNPと緑の党を合わせると独立賛成派が多数となっているので，レファレンダムを実施するための民主主義的正統性の基盤は確保されているのである。

　スコットランドの独立問題は，イギリスという国家の将来を大きく左右する問題として，これからも注目を集めていくことになるだろう。

【注】

1　Liesbet Hooghe and Gary Marks, *Multi-Level Governance and European Integration* (Rowman & Littlefield, 2001). 力久昌幸「グローバル化と多層ガヴァナンス」富沢克・力久昌幸編著『グローバル時代の法と政治──世界・国家・地方』（成文堂，2009年）1-13頁。

2　Derek W. Urwin, "Territorial Structures and Political Developments in the United Kingdom", in Stein Rokkan and Derek W. Urwin eds., *The Politics of Territorial Identity: Studies in European Regionalism* (Sage, 1982), p.19.

3　1920年代初頭のアイルランドの事実上の独立に際してイギリスに残留した北アイルランドには，1970年代初頭まで大幅な自治権を与えられた議会が存在していた。Maura Adshead and Jonathan Tonge, *Politics in Ireland: Convergence and Divergence in a Two-Polity Island* (Palgrave Macmillan, 2009), pp.33-35.

4　S.ロッカン（Stein Rokkan）とD.アーウィン（Derek Urwin）によれば，イギリスは中

央政府と地方政府の権限が明確に分離した連邦国家 (federal state) ではないが、中央政府に権限が集中する単一国家 (unitary state) でもなく、連合国家 (union state) という独特なカテゴリーに分類されていた。Stein Rokkan and Derek W. Urwin, "Introduction: Centres and Peripheries in Western Europe", in Rokkan and Urwin, n(2), p.11.

5　House of Lords Select Committee on the Constitution, *Reviewing the Constitution: Terms of Reference and Method of Working*, HL 11, Session 2001-02, para. 21,
　　(https://publications.parliament.uk/pa/ld200102/ldselect/ldconst/11/1103.htm). 2017年8月8日参照。

6　James Mitchell, *The Scottish Question* (Oxford University Press, 2014), pp.62-64. 梅川正美・力久昌幸「イギリスは分裂するのか――地域分権とイギリスの将来」梅川正美・阪野智一・力久昌幸編著『現代イギリス政治〔第2版〕』(成文堂, 2014年) 68-69頁。

7　前掲書。

8　Andrew Marr, *The Battle for Scotland* (Penguin Books, 2013), p.57.

9　労働党結成に大きな貢献をしたK.ハーディー (Keir Hardie) の影響で、労働党はしばらくの間スコットランド自治を支持する立場をとっていた。しかし、第二次世界大戦後にスコットランド自治は党の政策から外されることになった。Henry McLeish, *Scotland the Growing Divide: Old Nation, New Ideas* (Luath Press, 2012), p.22.

10　Gordon Wilson, *The SNP: The Turbulent Years 1960-1990* (Scots Independent, 2009), pp.27-43.

11　力久昌幸「スコットランド独立問題と政党政治――スコットランド国民党の台頭と自治のパラドックス」『新しい歴史学のために』第288号 (2016年) 48-69頁。

12　Mitchell, n (6), pp.157-163.

13　有権者総数の少なくとも40％が賛成票を投じなければ可決と見なさないという条件は、労働党の権限移譲反対派が要求したものであった。この条件について反対派に譲歩することなしに権限移譲法案を成立させることは、ほぼ不可能と見られていた。Peter Lynch, *SNP: The History of the Scottish National Party*, 2nd edition (Welsh Academic Press, 2013), p.160.

14　Paul Cairney and Neil McGarvey, *Scottish Politics*, 2nd edition (Palgrave Macmillan, 2013), p.45.

15　人頭税 (poll tax) は、正式にはコミュニティー・チャージ (Community Charge) という名称の地方税制度であった。しかし、所得の多い少ないにかかわらず、住民に同額の税金を課すという制度の特徴から、一般には人頭税と呼ばれることになった。

16　Marr, n (8), pp.176-180.

17　Cairney and McGarvey, n (14), p.45.

18　Marr, n (8), pp.195-209.

19　Scottish Constitutional Convention, *Scotland's Parliament: Scotland's Right* (Convention of Scottish Local Authorities, 1995). 梅川・力久、前掲注6、71頁。労働党による追加議員制の受け入れは、スコットランド憲政会議における超党派の協力関係を維持する必要にもとづいていた。もしスコットランド議会の選挙が小選挙区制で行われたならば、イギリスの総選挙と同様に労働党が圧倒的多数の議席を獲得する一方、自由民主党など他の小政党の議席獲得は困難になることは明らかだったのである。

20　Labour Party, *New Labour: Because Britain Deserves Better* (Labour Party, 1997), pp.33-35. ちなみに、なぜレファレンダムの質問を、スコットランド議会設立の是非だけでなく、所得税率変更権付与の是非を含めた2本立てにしたのか、という点については、保守党の総選挙キャンペーンが影響していた。このとき保守党は、スコットランド議会に所得税率変更権を与えるという提案を「タータン税 (tartan tax)」と称して、労働党が政権を取ればスコットランド議会設立と同時に大増税がやってくるというキャンペーンを行っていた。保守党の「タータン税」攻撃をかわすために、労働党は総選挙後にスコットランド議会設立の是非および所得税率変更権の是非という二つの点を問うレファレンダムの実施を公約したのである。権限移譲や所得税率変更権に懐疑的な有権者でも、総選挙後にあらためてレファレンダムで一票を投じる機会があるので、総選挙では安心して労働党に投票できるというわけであった。David Denver, James Mitchell, Charles Pattie and Hugh Bochel, *Scotland Decides: The Devolution Issue and the Scottish Referendum* (Frank Cass, 2000), pp.41-46.

21　David McCrone and Bethan Lewis, "The Scottish and Welsh Referendum Campaigns", in Bridget Taylor and Katarina Thomson eds., *Scotland and Wales: Nations Again?* (University of Wales Press, 1999), pp.24-26.

22　T. M. Devine, *The Scottish Nation 1700-2000* (Penguin Books, 1999), p.617.

23　*The Scotsman*, 12 March 1994.

24　Paul Cairney, *The Scottish Political System since Devolution: From New Politics to the New Scottish Government* (Imprint Academic, 2011), p.156.

25　*Ibid.*, p.224. なお、スコットランド議会の設立に伴って、それまでイングランドに比べて過剰代表となっていたスコットランドの庶民院議席数が削減された。2005年総選挙において、それまで72議席だったスコットランドの庶民院議席数が59議席となったのである。

26　カルマン委員会は、グラスゴー大学学長のK.カルマン (Kenneth Calman) を委員長として、イギリス政府の資金面、行政面での支援を受けて設立された。

27　Commission on Scottish Devolution, *Serving Scotland Better: Scotland and the United Kingdom in the 21st Century, Final Report, June 2009* (Commission on Scottish Devolution, 2009).

28　ちなみに、連立政権が最大限の権限移譲という3番目の選択肢を加えることに反対したのは、この選択肢を加えることにより、分離独立という目標が達成できないとしても、SNPに次善の賞品として権限移譲の大幅拡大を与える可能性があったこと、そして、最大限の権限移譲がなされれば、それが後々、スコットランド独立の足がかりになる恐れがあったことが主な理由であった。なお、レファレンダムの有権者資格について、イギリスの通常の有権者資格である18歳以上ではなく、16歳以上に引き下げられることになった。HM Government and the Scottish Government, *Agreement between the United Kingdom Government and the Scottish Government on a Referendum on Independence for Scotland, Edinburgh, 15 October 2012* (HM Government and the Scottish Government, 2012).

29　John Curtice, *The Score at Half Time: Trends in Support for Independence* (http://www.scotcen.org.uk/media/270726/SSA-13-The-Score-At-Half-Time.pdf). 2015年12月14日参照。

30 Scottish Government, *Scotland's Future: Your Guide to an Independent Scotland* (Scottish Government, 2013), p.88.
31 Scottish Government, *Outlook for Scotland's Public Finances and the Opportunities of Independence* (Scottish Government, 2014).
32 HM Government, Cm 8854, *Scotland Analysis: Fiscal Policy and Sustainability* (The Stationery Office, 2014).
33 レファレンダム終盤の世論調査において独立賛成の割合が急速に伸びた一因として、独立賛成派によるネガティヴ・キャンペーンの効果が挙げられるかもしれない。世論調査において独立反対が賛成に10ポイント程度の差を維持していたことから、独立賛成派はレファレンダムにおける独立否決は重大な危険をもたらすという主張で起死回生を図ったのである。具体的には、イギリスの公的な医療制度であるNHS（国民保健サーヴィス：National Health Service）が、緊縮政策を追求する保守党中心の連立政権によって「民営化」される危険性が強調された。戦後確立したNHSはイギリス国民の幅広い支持を集めていたが、特にスコットランドでは、NHSを公的制度として維持することの重要性が強く意識されていた。*The Daily Telegraph*, 1 August 2014. なお、ネガティヴ・キャンペーンについては、独立賛成派だけでなく反対派もこれを活用していた。むしろ、独立反対派の方がネガティヴ・キャンペーンを中心に置いていたと言っても過言ではなかった。独立後のスコットランド経済がたいへんな苦境に陥ることになるということを強調する独立反対派のネガティヴ・キャンペーンは、メディアなどから「恐怖のプロジェクト（Project Fear）」という呼称を与えられるほど際だった特徴となっていた。力久昌幸『スコットランドの選択——多層ガヴァナンスと政党政治』（木鐸社、2017年）246-253頁。
34 *Daily Record*, 16 September 2014.
35 「誓約」がレファレンダム投票に与えた影響に関する回答は以下のとおりである。影響なかった（70%）、反対投票を強く後押しした（6%）、反対投票をある程度後押しした（5%）、賛成投票を強く後押しした（12%）、賛成投票をある程度後押しした（7%）。What Scotland Thinks（http://whatscotlandthinks.org/questions/should-scotland-be-an-independent-country#table）;（http://whatscotlandthinks.org/questions/has-the-vow-made-you-more-or-less-likely-to-vote-for-independence#table）. 2017年8月7日参照。
36 Rob Johns, "It Wasn't the 'Vow' Wot Won It: The Scottish Independence Referendum", in Philip Cowley and Robert Ford eds., *More Sex, Lies & the Ballot Box: Another 50 Things You Need to Know about Elections* (Biteback Publishing, 2016), pp.185-189.
37 Electoral Management Board for Scotland, *Scottish Independence Referendum 2014: Overall Result*（http://www.electionsscotland.info/emb/info/13/referendum/78/overall_result）. 2017年2月23日参照。
38 独立委員会として設置されたスミス委員会の委員長には、元BBC（British Broadcasting Corporation）会長のスミス卿（Lord Smith of Kelvin）が就任した。なお、委員会に参加した主要5政党の内訳は、SNP、緑の党、労働党、保守党、自由民主党であった。ちなみに、緑の党は独立賛成派である。
39 Smith Commission, *Report of the Smith Commission for Further Devolution of Powers to the Scottish Parliament* (Smith Commission, 2014).
40 *The Scotsman*, 15 September 2014.

41　Paul Cairney, "The Scottish Independence Referendum: What are the Implications of a No Vote?", *The Political Quarterly*, Vol. 86, No. 2, 2015, pp.186-191.
42　Electoral Commission, *EU Referendum Results* (http://www.electoralcommission.org.uk/find-information-by-subject/elections-and-referendums/upcoming-elections-and-referendums/eu-referendum/electorate-and-count-information). 2016年11月8日参照。
43　Scottish National Party, *Re-elect: Manifesto 2016* (Scottish National Party, 2016), p.23.
44　HM Government, Cm 9417, *The United Kingdom's Exit from and New Partnership with the European Union* (The Stationery Office, 2017).
45　*The Guardian*, 29 March 2017.
46　Nicola McEwen, "Scotland and Brexit", in Political Studies Association, *EU Referendum: One Year On* (http://ukandeu.ac.uk/wp-content/uploads/2017/06/One-year-on.pdf), p 23. 2017年6月25日参照。
47　The Official Report of the Scottish Parliament, *Meeting of the Parliament 27 June 2017* (http://www.parliament.scot/parliamentarybusiness/report.aspx?r=11035). 2017年6月28日参照。

第3章
スコットランドへの権限移譲と その法制度的展開

松井　幸夫

1　はじめに

　正式には連合王国 (United Kingdom) と称されるイギリス (従来より「単一国家 (unitary state)」と呼ばれてきた) の国会——それは「主権」的立法権をもつとされる——の権限の一部を，新設のスコットランド議会 (Scottish Parliament) に移譲する権限移譲 (devolution)，すなわち国会の立法権限のスコットランド議会への移譲が開始されて20年近くが過ぎようとしている。この移譲が開始された後もスコットランド議会の権限はさらに拡大し，とりわけ近年のスコットランド独立問題と絡みつつ大きな展開を見せている。本章は，この展開をフォローし，スコットランドにおける権限移譲の現段階と特徴を明らかにすることを目的としている。また，そのことによるイギリス憲法の変容とのかかわりについても検討したい。

2　スコットランド権限移譲前史

　長らく対立・抗争の歴史をもつ二つの王国，スコットランドとイングランドは，1603年の同君連合を経て1707年に一つの王国となった。連合王国 (以下，UKと言う) の成立である。この連合は両国間の条約と両国議会が制定した法律によってなされ，その結果スコットランドの議会は廃止され，イングランドの議会の基礎の上に両領域に統一したUK国会が成立した。このことによって両国の政治的・経済的な統一が実現されるが，他方，この連合にあたっては，スコットランドの教会制度や法・裁判制度，大学を含む教育制度，地方自治制度

などについてはその維持が約束され，それらスコットランドの独自性は今日まで基本的に維持されている。しかし，形式的には対等である両国間の連合も，実際にはイングランドの勢力が圧倒する「主権的」とされるUK国会の制定する法律と，その下に成立する中央政府の支配するものとなった。スコットランドに対する行政責任は，連合直後には一定の配慮がなされたものの，フランスと結んでスチュアート朝の復興を図るジャコバイトによる最後の侵入と反乱時の1745年以降は，中央政府の内務大臣が負うこととなったとされる。

このようなスコットランドの地位は19世紀後半のビクトリア期になり転換する。スコットランドの独自性に対応して責任を負うため，1885年になりスコットランド省 (Scottish Office) とスコットランド担当大臣職 (Secretary for Scotland) が設けられた。1892年以降同大臣は閣内大臣となるのが通例となり，同職は1926年には国務大臣職 (Secretary of State) に格上げされている。スコットランド担当大臣の権限は徐々に拡大され，1939年にはスコットランド省の本部はロンドンからスコットランドの「首都」エディンバラに移転する。そしてスコットランドの行政は，各省庁がそれぞれ関与する縦割りではなく，裁判所の運営を含めてスコットランド省を通して行われ，同省は行政部内で強い自律性を持つこととなった。財政についても，1978年以降は，のちの権限移譲後にも引き継がれるバーネット・フォーミュラ (Barnett formula) と呼ばれる定式に従った包括的なブロック予算の方式がとられ，同省の自律性が確保された。UK国会内部においても，1894年以降スコットランドについての法律案を審議するための特別の委員会が庶民院に設けられるようになったが，それは1957年にはスコットランド選出議員全員が参加する常任委員会に発展し，同委員会は，1981年以降はスコットランド選出議員だけで構成されるようになり (Scottish Grand Committee)，1995年以降はエディンバラでも開催可能となった。[1]

このようにスコットランド行政の自律性は中央政府の中で拡大することとなり，それがのちの権限移譲の土台となっている。しかし，注意すべきは，それはあくまでも中央政府部内での権限の移動にすぎないことである。立法権限，とりわけUK国会が独占してきた立法権限を含む権限移譲ではなく，中央政府の機関内での行政権限の配分にかかわるものであった。[2]

以上のようなスコットランド行政の自律性の強化は，アイルランド自治

(home rule)の問題の影響の中で19世紀後半に生まれ,20世紀に入ると組織化され第二次大戦後勢いを強めてきた民族主義や自治権獲得の運動への対応と懐柔という性格がある。とりわけ1970年代に入ると急速にスコットランドで支持を伸ばしてきた地域政党SNP(スコティシュ・ナショナル党)が,1974年2月と10月のUK国会の総選挙で一定数の議席を獲得する(また,これら選挙で,ウェールズの地域政党ウェールズ党〔Plaid Cymru〕も複数議席を獲得する)中で,国会での安定多数を欠く労働党ウィルソン政府は,SNPやウェールズのナショナリストに流れる権限移譲支持派の票を獲得するために,1974年の総選挙マニフェストに初めて両地域への権限移譲の支持を掲げ,そのための法律制定に着手することとなった。

立法作業は曲折を経るが,キャラハン政府の下,最終的に1978年7月,スコットランドについては第一次的立法権の移譲を認めるスコットランド法(Scotland Act 1978 (c.51))が成立する。しかし,同法は,79年3月,同法自体が定める住民のレファレンダムに課された賛成の得票基準に達せず,キャラハン政府崩壊後成立した保守党サッチャー政府による枢密院令によって同年7月に施行されることなく廃止された。ウェールズに第二次的立法権の移譲を認めたウェールズ法(Wales Act 1978 (c.52))も施行されることなく廃止された[3]。

サッチャーとそれを引き継ぐメイジャー政府の下,スコットランドへの権限移譲は停滞するが,集権的政治手法に対する保守党への反感は強い地域主義的感情を生み出し,保守党の長期政権の下でもスコットランドでは保守党の退潮と労働党の前進が定着することになる[4]。

3　スコットランド権限移譲とその枠組み——1998年スコットランド法

当時野党であった労働党は,保守党の政権下のスコットランドで,自由民主党(以下,LDと言う)等の政党や労組,産業界,教会,市民団体などのスコットランドの主要な団体の代表者からなるスコットランド憲政会議(Scottish Constitutional Convention)[5]を主導し,同会議は,1995年11月に報告書「スコットランドの議会,スコットランドの権利」[6]を公表する。「新生労働党(New Labour)」の旗印の下1994年に党首となったT.ブレア(Tony Blair)率いる労働党は,1997年5月の総

選挙マニフェストに，他の「憲法改革 (Constitutional Reform)」事項とともに，同報告書に基づいたスコットランド議会の設置と国会の立法権限の移譲を旨とする権限移譲を掲げ，ウェールズとともにスコットランドへの権限移譲を公約とした。同マニフェストにおける権限移譲についての見出しは，「権限移譲：連合の強化」であった。[7] これに対して保守党のマニフェストは，行政的レベルでの権限移譲の充実については言及するものの，連合を解体させかねない緊張を生じさせるとして地域議会の設置については強く反対していた。[8]

1997年5月の総選挙で労働党は圧勝して（659議席中418議席を獲得。保守党は165議席）18年ぶりに政権に復帰する。ブレア政府はマニフェストに基づいて同年7月にスコットランドへの権限移譲に関する白書「スコットランドの議会」[9] を公表するとともに，スコットランドとウェールズに地域議会を設けることについて住民の賛否を問うレファレンダム法[10]を成立させ，スコットランドについては議会 (Scottish Parliament) の設置と同議会が一定の課税権限を持つことの可否を別々に住民に問うレファレンダムが9月に実施された。この結果を受けて法律案が提出され，1998年11月にスコットランド法 (Scotland Act 1998 (c.46). 以下，1998年法と言う）が成立する。同法に基づいて1999年5月にスコットランド議会の選挙が行われ議会の活動が開始され，権限移譲がスタートする。

1998年法は，UK国会がもつ立法権の一部を新しく設立されるスコットランド議会に移譲し，同議会は女王の裁可を得てスコットランド議会制定法 (Act of the Scottish Parliament, asp) を制定する (28条1項, 2項) とする。この権限移譲は，同法がUK国会に留保する事項以外のすべてについての第一次的立法権である。このことを1998年法は，スコットランド議会はその権能外の事項に立法権は及ばないというかたちで規定している (29条1項)。

UK国会が留保する事項以外のすべてについての立法権を移譲するという方式は，挫折した1978年のスコットランド法にはなく，また，1998年法と並行して制定され，分権議会 (National Assembly for Wales) に個別的に権限（第二次的立法権とされる）を移譲するウェールズへの権限移譲法 (Government of Wales Act 1998 (c.38)) とも異なっている。[11] ウェールズの方式は「（権限）付与事項アプローチ (conferred matters approach)」，スコットランド（および北アイルランド）の方式は「（権限）留保事項アプローチ (reserved matters approach)」とも呼ばれる。[12]

スコットランド議会の権限の限界として同法がUK国会に留保する事項の中心は、同法が言う「留保事項（reserved matters）」（29条2項b）であるが、この「留保事項」は、同法の付則第5に列挙されている。その概要は次のとおり[13]：

(付則第5第1編)：王位・スコットランドとイングランドの連合・UK国会・若干の基本的な裁判制度（スコットランドの民事裁判制度を含む）などの憲法事項、政党、EUを含む外交、国の公務員制度、国防、反逆罪
(同第2編A)：財政・金融政策、通貨、租税などUK全体にかかわる財政・経済事項
(同B)：薬物、データ保護、庶民院・ヨーロッパ議会・スコットランド議会の選挙、スコットランド地方自治体選挙での選挙権、銃器、ビデオ・映画、移民・国籍、動物実権、治安・通信傍受・公秘密・テロ、ギャンブル、非常事態、国外追放など
(同C)：破産、競争、知的財産、輸出入、消費者保護、製造物の安全、度量衡、通信、郵便などの通商・産業事項
(同D)：電気、石油・ガス、原子力などのエネルギー
(同E)：道路、鉄道、海運、航空などの運輸
(同F)：社会保障制度、児童支援、年金などの社会保障
(同G)：建築士、医療職、会計士の職業資格
(同H)：雇用、労使関係、健康・安全、就労などの雇用事項
(同J)：人工妊娠中絶、異種間移植・遺伝子などの先端医療、医薬・劇薬、健康食品を含む健康・医薬
(同K)：放送、公貸権（public lending right）や文化遺産に関する一定事項
(同L)：その他裁判官の報酬、機会均等、武器、測量、時間・暦、宇宙空間など

　細かく見れば実際にはこれら事項の範囲は限定されており、また、細かい例外、すなわち概括的には「留保事項」に該当するが、スコットランド議会に移譲されるものが定められている。

　スコットランド議会の権限はこのほか、地域外に効力を及ぼす法の制定（29条2項a）、付則第4「修正から保護される法令等」が列挙する法律等の改廃——たとえば1707年の連合を定めるスコットランドおよびイングランドの連合法の通商の自由にかかわる規定や、同付則自体が列挙する条項を除く1998年法自体の改正——（同項c）、ヨーロッパ人権条約上の権利やEU法と抵触する法律の制定（同項d）、および法務総裁（Lord Advocate）の地位の変更（同項e）は制限される。また、「留保事項」には該当しなくても「留保事項」に効力が及ぶスコットランドの司法や刑事法の修正は、「留保事項」にかかわるものとして取り扱

われる (29条4項)。

　これら留保された事項等以外の事項についてスコットランド議会は独自に立法権を行使することができる。その中には，国民医療サービス (NHS) を含む医療，大学を含む教育・職業訓練，一定の農業・森林・漁業，一定の経済開発や産業支援・運輸交通，さらに一定の「留保事項」を除く民刑事法制，裁判官の任命を含む司法制度，仮釈放・刑務所等の行刑，治安 (空気銃の免許を含む)・警察・消防，酒類免許，動物保護，環境，観光，自然遺産・文化遺産，スポーツ，芸術などが含まれる。またスコットランド議会は地域内の地方自治制度について責任を負い，地方自治体の編成・権限・職務，選挙権を除く選挙制度，税制，社会福祉事業 (ソーシャル・ワーク)，住宅，建築規制，土地利用などの権限を持つ。なお，スコットランド議会はその権限内であればUK国会が制定した法律を改正することができる。

　権限移譲を支える財政権限については，自主的な課税権限，すなわち国の定める課税の変更権がひとつの争点であったが，1998年法は所得税の基本税率の3％以内での増減だけを認めた (73条)。他の財源は国からの交付金によって賄われるが，この交付は1978年以降国のスコットランド省への予算配分に用いられてきたバーネット・フォーミュラと呼ばれる客観的定式によって行われ，その執行はスコットランド議会の自律に委ねられる。

　なお，付則第5の「留保事項」およびスコットランド議会の立法権を制限する付則第4は，UK政府の枢密院令によって変更することが可能であり，同議会の権限を追加し，あるいは縮減することができる (30条2項)。ただし，この枢密院令は，UK国会のいずれかの議院あるいは両院の事前の同意がなければ制定することができない。スコットランド議会の権限は，1998年法自体のUK国会制定法による修正のほか，このような委任立法によって変更することが可能とされている。

　1998年法は，このようにスコットランド議会の立法権を認めるが，同議会が同法の範囲を逸脱することを防ぐとともに，逸脱したかどうかが問題になったときの調整・解決方法も定めている[14]。

　まず，中央政府のスコットランド担当大臣やスコットランドの法について助言する新設の大臣職の法務官であるスコットランド担当法務長官 (Advocate

第3章　スコットランドへの権限移譲とその法制度的展開

General for Scotland)（32条4項，87条，付則第7）による調整が予定されるが，スコットランド議会での法律＝スコットランド議会制定法については，法律案提出時にスコットランド政府の担当大臣や議会議長が議会権限内であるとの「表明」をすることが必要であり（31条1項，2項），法律案の議会通過後は，女王の裁可前に，一定の法務官が議会権限の範囲内かについての疑義があると思料する場合には，その判断を枢密院司法委員会に付託することができる（33条）。この枢密院司法委員会は，2005年の憲法改革法（Constitutional Reform Act 2005 (c.4)）によるUK最高裁判所（Supreme Court of the United Kingdom）の設立により，2009年10月からはこの最高裁判所に変わっている（同法40条4項，148条1項，付則第9）。また，中央政府のスコットランド担当大臣にも，議会を通過した法律案の女王への提出の禁止を命じる権限が定められている（1998年法35条）。ただし，この命令は国会のいずれかの議院の議決によって失効する（付則第7）。

　成立後のスコットランド議会制定法の効力をめぐる争訟は通常の司法過程で争われるが，1998年法はこれを「権限移譲問題」（devolution issues）として，その裁定のための特別の手続を定めている（98条，付則第6）。その基本は，下位の裁判所（審判所を含む）は上位の裁判所に，上位の裁判所は枢密院司法委員会に問題の裁定を付託（refer）することができ（付則第6，7条以下，18条以下，28条以下），また，枢密院への上訴（appeal）も認められる（同付則第12条，13条，23条，31条）。1998年法では，このように「権限移譲問題」の最終的裁定は枢密院司法委員会に委ねられた（ただし，一部貴族院の場合もあった）が，上記した最高裁判所の設立により2009年以降最終的裁定機関は最高裁となっている（付則第6，10条以下）。なお，通常はスコットランドのスコットランド刑事法院（High Court of Justiciary）が終審となる当地での刑事事件についても，「権限移譲問題」については最高裁（元は枢密院）への付託や上訴が可能となる（同付則第10条～13条）。付則第4「修正から保護される法令等」との抵触問題も，UKの最高裁で争うことができる。最高裁で実際に争われた事件の多くはヨーロッパ人権条約やEU法との適合性，しかも重要な法的問題とは言えない契約等の解釈問題であったとされる。[15]

69

4　スコットランド権限移譲の展開(1)——2012年スコットランド法

　権限移譲のスタート後2回のスコットランド議会選挙で議会の多数を制してスコットランドの統治を担ったのは、この権限移譲を中心的に推進してきた労働党とLDの連立政府であった。1998年法のスコットランド議会の設置と権限移譲の枠組みを主導したのは、労働党とLDやスコットランドのさまざまな組織・団体であったが、SNPや保守党はこれに参加していなかった。しかし、独立問題が協議対象からはずされたことを理由にスコットランド憲政会議を離脱したSNPも、権限移譲が独立への一つのステップになるとの理由でレファレンダムではこれを支持し、UKを解体に導くとして強く反対していた保守党も、同法成立後はこの枠組みを容認することとなり、スコットランドへの権限移譲は順調かつ安定的にスタートすることとなった。

　スコットランド議会は、任期 (正確には議会の存続期) 4年を原則とする129人の議員によって組織される一院制の議会である。その129人のうち73人は「コンスティテュエンシィ (constituency)」と呼ばれる小選挙区から選出され、残りの56人は七つの「リージョン (region)」と呼ばれる比例選挙区から8人ずつ選出される (1998年法1条2項、3項、5項、2条2項、付則第1)。[16] 比例選挙区での投票は政党ごとの拘束名簿 (イギリスでは「固定式リスト (closed list)」と呼ばれる) に対して行われ (ただし個人での立候補=名簿提出も認められる)、議席はドント式によって比例配分されるが、当該比例選挙区内の小選挙区で当選した議員数分は除外して配分される (6条〜8条。なお、小選挙区と比例選挙区との重複立候補は認められる。5条7項)。この方式は追加議員制 (additional member system, AMS) と呼ばれ、原理はドイツやニュージーランドの選挙制度である、いわゆる「小選挙区比例代表併用制」の比例代表制と同じであるが、比例代表選出議席が相対的に少なく、また、議席の配分が比例選挙区ごとに細分されていることによって最終の議席配分は完全な比例代表とは隔たることになる。しかし、国会の庶民院の選挙における単純な小選挙区制 (いわゆる first past the post, FPTP) とは異なり、選挙人の投票動向をかなりの程度正確に反映するものとなっている。このような制度の導入には、小選挙区制による相対的な多数者意思の議会

議席への過剰反映，とくに独立の志向が極端に議会に反映しないようにとの意図もあったとされる。

　権限移譲スタート時の1999年5月のスコットランド議会選挙では，労働党は56議席（小選挙区53＋比例3。以下，スコットランド議会選挙での議席数の後の括弧内の数字は同様），SNPは35議席（7＋28），保守党は18議席（0＋18），またLDは17議席（12＋5）を獲得し[17]，労働党とLDの連立によるスコットランド政府が成立した[18]。2回目の2003年5月のスコットランド議会選挙でも，労働党は50議席（46＋4），LDは17議席（13＋4）を獲得して，引き続き連立政府が維持された[19]。

　1998年法成立後，枢密院令による同法の付則第4，第5の部分的な修正はあったが，この連立政府の下でスコットランドへの権限移譲は，中央政治を担ったブレア労働党政府とも協調して安定的に推移した。UK国会とスコットランド議会との関係は，「ウェストミンスター（注：UK国会のこと）は，スコットランド議会の同意がない限りスコットランドに権限が移譲された事項について立法することは通常は（normally）はないという習律」，いわゆるシーウェル憲法習律（Sewel convention）[20]の形成や，中央政府とスコットランド政府間でのさまざまな「覚書（memorandums of understanding）」が積み重ねられ，権限移譲は順調に推移したということができる。スコットランド議会の立法活動も活発であったとされる[21]。

　しかし，2007年5月の第3回スコットランド議会選挙ではSNPが47議席（21＋26）を獲得して労働党の46議席（37＋9）を上回って第一党となった。これまで労働党と連立を組んできたLDも16議席（11＋5）にとどまり[22]，労働党とLDは合わせても過半数に達することができなかった。この結果，スコットランドの独立を党是とするSNPが第一党として単独の少数政府を担うこととなった。

　新たなSNPのスコットランド政府がスコットランドの独立を目指すことを明確にする[23]のに対抗して，野党が多数を占めるスコットランド議会の労働党はLD，保守党とともに，スコットランドがUKの一員であり続けることを前提にして1998年法の再検討を行う委員会の設置を求める動議を通過させ，UK政府の支持も得て2008年4月，スコットランド権限移譲に関する委員会（Commission on Scottish Devolution）（通称Calman委員会）が設置された。同委員会は2009年6月，連合とその枠内での権限移譲のメリットとこれまでの権限移譲の成功を確認す

るとともに，スコットランド議会の財政権限（租税や借入金など）の拡大を中心とする権限移譲の発展が必要であるとする最終報告「より良きスコットランドのために──21世紀のスコットランドと連合王国」を発表した[24]。これを受けてUKの労働党ブラウン政府は白書を公表するが[25]，2010年5月のUK国会総選挙での労働党の敗北と政権交代を経て，2010年11月，LDと連立を組む保守党キャメロン政府の下での白書「スコットランドの未来を確かなものに」を発表し[26]，同月，1998年法を改正する法律案が国会に提出される。

スコットランド議会への移譲権限を変更するには，前述したシーウェルの憲法習律によってスコットランド議会の同意が必要である。しかし，中央での政権交代後の2011年5月の4回目のスコットランド議会選挙で，SNPは単独過半数となる69議席（53+16）を得ることになり，それまで野党が多数を占めていた同議会の状況は変わることになる[27]。このような中で法律案は幾度か修正される等の曲折を経つつもスコットランド議会の同意も得て[28]，上記のCalman委員会の報告の多くを取り入れた新しいスコットランド法（Scotland Act 2012 (c.11). 以下，2012年法という）が2012年5月に制定される[29]。

2012年法によるスコットランド議会権限拡大の中心は財政事項である。まず，スコットランド納税者に対する所得税の基本税率等は2016年4月に他の地域との比率で10％まで引き下げられ，スコットランド議会はその減収をも見越して独自に税率を決定することになる（25～27条）[30]。また2012年法は，新たに移譲される租税（移譲租税devolved taxes）（23条による1998年法への80A条，80B条の新設）として印紙税，廃棄物埋立税の税率決定権（28～31条）や，政府借入金の目的と上限の拡大（32条）を認めた。さらに移譲租税は，国会両議院の承認を得た枢密院令によって拡大することもできる（1998年法80B条1項の新設）。

また，1998年法によるスコットランド政府の名称（「Scottish Executive」）（44条）については，すでに2007年5月に成立したSNP政府によって同年9月以降「スコットランド政府（Scottish Government）」の語が用いられるようになっていたが，2012年法は「スコットランド政府（Scottish Government）」を正式名称とした（12条1項。2012年7月から）。

2012年法は，スコットランドの裁判所とUK最高裁との関係について一定の変化をもたらした。1707年の連合以降もスコットランドは独自の裁判制度を維

持し,権限移譲がスタートする前,スコットランドにおける民事の最上級裁判所はスコットランド控訴院 (Court of Session) であったが,その判決についてはUKの貴族院(当時)への上訴が認められていた。これに対して刑事の最上位の裁判所であるスコットランド刑事法院の判決は最終的であった。[31] 権限移譲後もこの基本構造は変わらないが,既述したように1998年法の「権限移譲問題」については,民事・刑事を問わずUK最高裁 (2009年以前は枢密院司法委員会) への付託や上訴が認められた。このことから生じる問題についての議論を経て,[32] 2012年法は,刑事事件について,ヨーロッパ人権条約やEU法にかかわる訴訟を「権限移譲問題」から外し「適合性問題 (compatibility issues)」として,UK最高裁へ上訴する権利を定めた (2012年法36条4項による1998年法付則第6第1条の修正)。この改正はCalman委員会報告にはなかったものである。

5　スコットランド権限移譲の展開(2)——2016年スコットランド法

すでに述べたように,2011年のスコットランド議会選挙でSNPは,スコットランド議会発足以来初めて単独政党として多数を制したことによって,同党が主張するスコットランドの独立が現実性を増した政治的問題として浮上することとなった。2010年5月のUK国会総選挙の結果LDと連立を組んだ保守党キャメロン政府が,このスコットランド独立の動きに対抗することとなる。[33]

権限移譲との関係では,スコットランドの議会・政府がその独立を推進する法的権限があるかが問題となる。1998年スコットランド法はスコットランドとイングランドの連合の問題を憲法事項として,スコットランド議会の権限が及ばない「留保事項」としている。スコットランド政府がレファレンダムを強行したとしても,その結果が直ちに法的効果を生じるものではないが,レファレンダム問題は最終的には,独立問題の早期決着を望むキャメロン政府とスコットランド政府 (主席大臣A.サモンド〔Alex Salmond〕) との合意によって解決された。2012年10月のエディンバラ合意 (協定) (Edinburgh Agreement) である。[34] この合意(協定)に基づいてUK政府は,UK国会両院とスコットランド議会の承認を経て,1998年スコットランド法30条2項に基づいて独立レファレンダムに関する法的権限をスコットランド議会に移譲する枢密院令を制定した。[35] これを受

73

けてスコットランド議会は，投票権者を確定する法律[36]と，投票日・投票で住民の意思を問う質問文を確定し選挙運動・選挙の実施方法等を定める法律[37]を制定した[38]。

　このようにして明確な法的根拠をもったレファレンダムの投票は2014年9月18日に実施された。投票日が近づくにつれて世論調査では独立支持派（nationalists）と連合支持派（unionists）の支持率は拮抗し，独立か否かの単純な選択をスコットランド住民に迫り，この問題の早期決着を意図したUKキャメロン政府の見通しは揺らぐこととなる。この状況に危機感を懐いた保守党（D.キャメロン〔David Cameron〕），労働党（E.ミリバンド〔Edward Miliband〕），LD（N.クレッグ〔Nick Clegg〕）の3党首は連名で，投票日の2日前の9月16日に，スコットランドが連合に留まるなら，スコットランド議会の永続性と，さらに大幅な権限を同議会に移譲することを約束する「誓約」(the Vow)をスコットランドのダブロイド紙に発表した[39]。レファレンダム投票の結果は，連合支持55.3％，独立支持44.7％となり[40]，残留支持が多数を占めた。敗北したSNPは党首をN.スタージョン（Nicola Sturgeon）に交代させるが，SNPへの支持はなお根強く，SNPは，翌2015年5月のUK国会総選挙で庶民院のスコットランド議席の95％，59議席中の56議席を獲得している[41]。このような背景の中で上記の「誓約」を踏まえた権限移譲の拡大が課題となる。

　キャメロン政府は2014年9月，スコットランド議会に議席をもつ5政党（SNP，労働党，保守党，LDに緑の党）からの2人ずつの委員からなるスミス委員会（Smith Commission）を立ち上げ，同委員会は同年11月，「スコットランド議会へのさらなる権限移譲のためのスミス委員会報告書」[42]を公表し，同時にのちの新法に引き継がれる5政党の合意書[43]を発表する。

　これを受けて2015年1月，キャメロン政府は白書「連合王国におけるスコットランド——永続的解決」[44]を公表して立法化を進める。その後2015年5月のUK国会の総選挙で，保守党は庶民院の過半数を制して同党単独のキャメロン政府が成立し，また，上述したように，スコットランドの選挙区でのSNPの圧勝という中で，2016年3月に新しい2016年スコットランド法（Scotland Act 2016 (c. 11)）が成立する。

　このような背景の中で成立した2016年スコットランド法は，1998年スコット

ランド法によってスタートした権限移譲の枠組みを踏襲しつつ，UK憲法における スコットランド議会の位置づけを強化し，同議会の権限をさらに拡大した。キャメロン首相は，新しい法律制定の企図を，スコットランド議会を「世界で最も強力な分権議会」にすることにあるとし[45]，また，スコットランド担当大臣は，「2016年スコットランド法は，スミス委員会［報告］を完全に実現し，スコットランド議会を世界の分権政府の中でもっとも強力なもののひとつとする」と自賛している[46]。

まず，2016年スコットランド法は，「スコットランド議会およびスコットランド政府」との見出しの1条で，「スコットランド議会およびスコットランド政府は，UKの憲法上の制度配置の恒久的部分 (a permanent part of the United Kingdom's constitutional arrangements) である」とし（同条1項による1998年法63A条1項の新設），「スコットランド議会およびスコットランド政府は，スコットランド人民のレファレンダムによる決定がない限り廃止されることはない」（同条3項による1998年法63A条3項の新設）と定める。これはスコットランドの議会・政府のUK憲法上の位置をより確実にし強化するとともに，スコットランド憲法におけるスコットランド法 (1998年法, 2012年法および2016年法) の基本性をより明確にするものである。

また2016年スコットランド法は，UK国会制定法の優位を定める1998年スコットランド法28条7項の「本条の規定 (注：スコットランド議会の立法権限を定める規定) は，UK国会がスコットランドについて立法する権限に影響を及ぼすものではない」との文言のあとに，「シーウェル憲法習律」との見出しを付した2条で，「ただし，UK国会は，スコットランド議会の同意がない限り権限を移譲した事項について立法することは通常は (normally) ないことを認める」との規定を追加する (1998年法同条8項)。この規定は権限移譲がスタートした直後に「憲法的」拘束力ある習律として形成されたが，法的拘束力はない憲法習律に法的根拠を与えるものである。

そして2016年スコットランド法は，1998年スコットランド法の「留保事項アプローチ」の枠組みで，さらに広い権限をスコットランド議会（および政府）に移譲する。

これまでUK国会に留保されていたが，新たに移譲された権限の主なものは

次のとおりである。

- スコットランド議会選挙の執行（一定事項については3分の2の特別多数が必要）（第1編3条以下）
- 所得税の基本税率等の決定，航空旅客運送税（APD），商業的砂利採取税，政府借入金などの財政権限（付加価値税VATのスコットランドへの配分比率を含む）（第2編）
- 障害給付・福祉食糧給付・住宅手当を含む福祉給付・雇用支援（第3編）
- その他王室財産，機会均等（公的機関でのジェンダー・バランスなど），審判所，道路（速度制限・交通標識・路上駐車など），運輸，鉄道警察，内陸石油・ガス採掘，消費者支援，賭博ゲーム機，人工妊娠中絶などの立法事項（第4編）
- これまでは留保されていたスコットランド政府の執行的権限（公的セクターでの任命権など）（第5編）

スコットランド議会への新たな権限移譲は1998年スコットランド法が定める枢密院令によるものもあるが，上記の2016年スコットランド法による変更は，1998年スコットランド法の本則の改定や付則第5「留保事項」等の改正の形をとる。2016年スコットランド法による所得税をはじめとする財政権限の拡大は2017/2018会計年度から実施されている。

6　スコットランド権限移譲と連合王国 (UK) 憲法

2016年スコットランド法がスコットランド議会を「世界で最も強力な地域議会」としたかはともかく，同法がスコットランドへの権限移譲を「新領域 (new terrain)」に導くものであることは間違いない。[47] 連合支持派 (unionists) であるUKの主要政党にとって2016年スコットランド法は独立を阻止するための手段としての側面があったが，成立した権限移譲体制はなお独立への動きを内に抱えながら展開し続けることになる。この体制をUK全体の憲法構造の中にどのように位置づけるのか，また，ウェールズ，北アイルランドの権限移譲やそのようなシステムを持たないイングランドとの関係でどのような意味を持たせるのかが問題となる。

UK憲法の中心的憲法原理である国会主権との関係は，1998年スコットランド法制定時においてもひとつの理論的問題であった。古典的かつ形式的な国会

主権理解によれば，国会制定法は明示的にはもちろん黙示的にも前法を廃止・修正できる。「留保事項アプローチ」の方式で国会の第一次的立法権を移譲する1998年スコットランド法も，スコットランド議会の立法権限を定めた28条の7項で，「本条の規定は，UK国会がスコットランドについて立法する権限に影響を及ぼすものではない」と定め，権限移譲が国会の立法の最高性，すなわち国会主権の原理と抵触しないものとされた。しかし，同法制定の当時から，国会がスコットランド議会の頭越しにそのような権限を行使することはもはや考えられず，国会主権は実際には大きく制限され，あるいは「究極の主権」にとどまるものとなると指摘されていた。[48]そして権限移譲がスタートしたすぐあとから，いわゆる「シーウェルの憲法習律」が定立されたとされているのである。上述したように，2016年スコットランド法は，この「シーウェルの憲法習律」を確認し，この「憲法習律」に法的根拠を与えた。もちろんそこで確認されたのは「通常」の場合であって「非通常」の場合の国会の主権が否定されているわけではない。しかし，同じく同法によって，スコットランド議会・政府の「恒久」性が認められ，それらは住民のレファレンダムによらずしては廃止できないとされたこととも相まって，国会主権原理の変容はますます明確になっている[49]。

　このことはまた単一国家としてのUKの変容を意味する。これを連邦制への変容と呼ぶかは連邦制をどう定義するかにかかるが，強固な分権政府の定着によってUK憲法の単一国家性が変容してきたことも明らかであろう。

　ここで注意すべきは，UKを構成する各地域への権限移譲の「不均一」な（asymmetric）構造である。UKにおける権限移譲は，1922年以降もUKに残留した北アイルランドを別として，1997年に始まる労働党の「憲法改革」の中で，スコットランドとウェールズにおける地域議会の設立[50]と，北アイルランドにおいては，長年に渡る内戦後の和平の実現と地域議会の再設立[51]によってほぼ同時にスタートした。しかし，各地域議会に移譲された権限は異なり，また，それぞれの統治システムは異なっている[52]。権限移譲のこのような「不均一」さとともに，UK最大の地域であるイングランドにはそもそも地域議会が存在しないことがある[53]。このような状況をどのように理解し，また，そこから生じる問題をどのように解決するかは課題であり続ける。

7　むすびにかえて

　2016年スコットランド法成立直後の2016年5月の5回目のスコットランド議会選挙でSNPは63議席（59+4）を獲得して引き続き第一党となるが，前回選挙からは6議席減らして単独で過半数を得ることはできなかった[54]。しかし，引き続いてスタージョンを主席大臣とするSNPの少数政府が成立する[55]。そして，この政府の下でも，スコットランド独立のための再度のレファレンダムが追求されることになる。

　2016年6月のEU離脱レファレンダムでは，UK全体では僅差ではあったがEU離脱が51.9%と多数を占めた。しかし，スコットランドでは離脱支持が38.0%，残留支持は62.0%であった[56]。SNPはEUのメンバーであることを前提とした独立（'Scotland in Europe'）を構想しているが，スコットランドでは親EUの住民が多いことが示されている。

　この投票の結果を受け，新たに保守党メイ政府がEU離脱交渉を担うこととなったが，交渉の基盤を強化する意図をもって急遽2017年6月に行われたUK国会の総選挙では保守党は庶民院議席の過半数に届かず，メイ首相の思惑ははずれることとなる。しかし，ここで注目すべきは，庶民院のスコットランド選挙区では，SNPの獲得議席が前回2015年選挙比でマイナス21議席の35議席にとどまったことである[57]。この結果がスコットランドの議会運営に直接影響するものではないが，とくに独立問題との関係で今後の展開が注目される。現にこの結果を受けSNPのスタージョン主席大臣は，2回目の独立レファレンダムの実施を早急には実施しないことを表明している。

　スコットランドへの権限移譲は，一般的な分権，地域主義，非中央集権という枠を超えて，スコットランドの独立の動きと関連し，またこれと対抗して推移してきた。2016年スコットランド法によって到達したその構造と運用がスコットランドの独立の動きを沈静化させるものとなるのか，UKを構成する地域間での「不均一」な権限移譲システムの中でそれをUK憲法にどう位置づけるのかという問題とともに，EU離脱という状況を含めた中でこの権限移譲問題がさらにどのように展開するかを注視していく必要があるだろう。

【注】

1 スコットランドへの分権の憲法史的背景の詳細については，松井幸夫「地方分権とイギリス憲法改革（一）」島大法学42巻4号（1999年）143頁以下で詳しく論じたことがある。同論文とそこで引用した文献・資料参照。
2 1969年に労働党ウィルソン政府によって設置され，スコットランドとウェールズへの権限移譲を勧告したRoyal Commission on the Constitution（Kilbrandon委員会）による1973年の報告（*Report* Cmnd 5460）は，権限移譲を「立法上の権限移譲（legislative devolution）」と「行政上の権限移譲（administrative devolution）」に分け，その間に国会と中央政府が責任を負うが地域議会を設置して一定の権限を委任する「執行上の権限移譲（executive devolution）」の概念を設けている。詳細は，松井，n(1), 162-164頁注(8)およびn(11)参照。この「執行上の権限移譲」は，第一次的立法権ではなく第二次的立法権を移譲するものと考えられる。
3 この経緯の詳細については，松井，n(1), 146頁以下参照。
4 国政選挙でのスコットランドにおける各政党の盛衰については，松井，n(1), 166頁【表1】参照。
5 設立は1989年3月。ただし，国会の立法権の移譲に反対する保守党は参加せず，SNPは独立問題が協議対象から外された時点で離脱した。
6 Scottish Constitutional Convention, *Scotland's Parliament, Scotland's Right*, 1995. https://paulcairney.files.wordpress.com/2015/09/scc-1995.pdf
7 *New Labour: Because Britain Deserves Better*, 1997, pp.33-34. ウェールズへの権限移譲は，二次的立法権をもつ議会（assembly）の設置である。
8 *You Can Only Be Sure with the Conservatives*, 1997, pp.50-51.
9 *Scotland's Parliament*, 1997, Cm 3658.
10 Referendums [Scotland and Wales] Act 1997 (c.61).
11 同法制定の経緯や内容については，松井「地方分権とイギリス憲法改革（二）」島大法学43巻3号（1999年）30頁以下参照。
12 B. Dickson, 'Devolution', in J. Jowell, D. Oliver & C. O'Cinneide (eds.), *The Changing Constitution*, 8th ed. (Oxford University Press, 2015), p.251.
13 スコットランド議会の権限およびその限界については，松井，n(1), 127頁以下参照。
14 詳細については，松井，n(1), 135頁以下参照。
15 Dickson, n(12), pp.256-257.
16 選挙人は地方自治体の選挙人と同一（11条），すなわち当該選挙区に住所を有して登録した18歳以上の，貴族を含む国籍保持者とEU市民およびコモンウェルス市民である。被選挙人（立候補者）は，国会の庶民院議員としての欠格者以外の者（15条。すなわち原則として21歳以上の国籍保持者とアイルランドおよびコモンウェルス市民）であるが，庶民院では認められていない貴族，聖職者，EU市民にも認められる（16条）。
17 その他3議席（1+2）。D.Butler & G.Butler, *British Political Facts*, 10th ed. (Palgrave Macmillan, 2011), p.492.
18 スコットランドの自治政府は1998年スコットランド法では「スコットランド執行府（Scottish Executive）」と呼ばれ（ただし，後述するように2012年以降の正式名称は，「スコットランド政府（Scottish Government）」，議員の中から議会が指名し女王が任命する

首席大臣（First Minister）(45条1項，46条）と，主席大臣が議会の同意と女王の承認を得て議員の中から任命するその他の大臣・副大臣（47条，49条。解任には同意・承認は不必要），および主席大臣が議会の同意と女王の承認を得て任命する法務官（Scottish Law Officers。罷免についても議会の同意が必要。議員である必要はない）からなる。主席大臣は，議会が執行府（Executive）に対して不信任を決議したときは辞職しなければならず，法務官を含む他の大臣・副大臣も同時に職を辞さなければならない（45条2項，47条3項c，48条2項）。

19 SNPは27議席（9+18），保守党18議席（3+15），その他17議席（2+15）。Butler & Butler, n(17), p.492.

20 1998年7月貴族院での労働党一代貴族のLord Sewelのこの発言からそのように呼ばれる。2013年10月のUK政府の「覚書」では，「UK政府は，UK国会は権限を移譲された立法府（注：ウェールズ，北アイルランドを含む）の承諾がある場合を除いて，権限が移譲された事項について立法することは通常はないという憲法習律に従ってことを処理する」とされている。A Page, *Constitutional Law of Scotland* (W.Green, 2015), p.29 and n.52. スコットランド議会の同意は「立法に関する同意動議（legislative consent motion (LCM)）」という動議に基づいて行われる。その運用については，cf. C.M.G. Himsworth & C.M. O'Neill, *Scotland's Constitution: Law and Practice* (Bloomsbury, 2015), pp.166-168.

21 特徴的なスコットランド議会制定法とともに，cf. Dickson, n(12), pp.254-255.

22 保守党は17議席（4+13），その他3議席（0+3）。Butler & Butler, n(17), p.492.

23 その文書が2007年8月に公表されたScottish Government, *Choosing Scotland's Future: A National Conversation: Independence and Responsibility in the Modern World*, 2007. http://www.gov.scot/Publications/2007/08/13103747/0 である。そのAnnex Bには独立レファレンダムの法律草案が付されている。Cf. Himsworth & O'Neill, n(20), p.67 ; Page, n(20), p.30.

24 Commission on Scottish Devolution, *Serving Scotland Better: Scotland and the United Kingdom in the 21st Century*, 2009. http://news.bbc.co.uk/2/shared/bsp/hi/pdfs/15_06_09_calman.pdf

25 Scotland Office, *Scotland's Future in the United Kingdom: Building on Ten Years of Scottish Devolution*, 2009, Cm7738. https://www.gov.uk/government/uploads/system/uploads/attachment_data/file/228529/7738.pdf

26 Scotland Office, *Strengthening Scotland's Future*, 2010, Cm7973. https://www.gov.uk/government/publications/strengthening-scotland-s-future-hm-command-paper

27 労働党37議席（15+22），保守党15議席（3+12），LD5議席（2+3），その他3議席（0+3）であった。D. McTavish (ed.), *Politics in Scotland* (Routledge, 2016), p.32.

28 Cf. Page, n(20), pp.30-31.

29 このような動きについては，cf. Himsworth & O'Neill, n(20), pp.67-68.

30 これら規定はスコットランド議会の課税権限を拡大する。1998年スコットランド法の3％以内での税率の増減は一度も行使されることはなかったが，この改正によって議会は毎年税率を決定する必要が出てくる（Cf. Page, n(20), p.228）。なお，この規定は，Finance Act 2014 (c. 26)の付則38第17条(a)によって一定の変更がなされた。

31 *Cf.* R. S. Shiels, *Scottish Legal System*, 4th ed. (W.Green, 2015), pp.21-22., 32-33.
32 *Cf.* Dickson, n(12), pp.255-257.
33 キャメロン連立政府は,スコットランドの独立レファレンダムに関して,2012年1月に諮問書Scotland Office, *Scotland's Constitutional Future*, 2012, cm 8203を公表し,また,同年4月には,Scotland Office, *Scotland's Constitutional Future: Responses to the Consultation*, 2012, cm 8326 を公表している。両文書ともhttps://www.gov.uk/government/consultations/scotlands-constitutional-futureに登載。
34 *Agreement between the United Kingdom Government and the Scottish Government on a Referendum on independence for Scotland*, 2012. http://www.gov.scot/About/Government/concordats/Referendum-on-independence
35 The Scotland Act 1998 (Modification of Schedule 5) Order 2013 (S.I. 2013/242), arts. 2 and 3による1998年法付則第5第1編5A条の追加。
36 Scottish Independence Referendum (Franchise) Act 2013 (asp 13). 投票権者は,エスニックな理由を避けるという原則とともに,選挙人の登録管理や実施上の実際的理由から,いわゆる「スコットランド人」には限定されずスコットランド議会での選挙人とされ,スコットランドに居住するUK市民,EU市民,コモンウェルス市民にも投票権が与えられた反面,域外に住む「スコットランド人」には与えられなかった。なお,投票年齢は16歳に引き下げられた。
37 Scottish Independence Referendum Act 2013 (asp 14).
38 この動きについては,クリス・ヒムズワース(松井幸夫訳)「連合王国におけるスコットランド」倉持孝司・松井幸夫・元山健編著『憲法の「現代化」——ウェストミンスター型憲法の変動』(敬文堂,2016年)280-282頁,C.ヒムズワース(松井訳)「スコットランドにおける権限移譲」倉持孝司・小松浩編著『憲法のいま——日本・イギリス』(敬文堂,2015年)56-57頁,Himsworth & O'Neill, n(20), pp.70-72参照。
39 *Daily Record*, 16 September, 2014. *Cf.* http://www.bbc.com/news/uk-scotland-29443603
40 Page, n(20), p.33. 投票率は84.6%。
41 http://www.bbc.com/news/election/2015/results 前回2010年総選挙では6議席。
42 *Report of the Smith Commission for Further Devolution of Powers to the Scottish Parliament*, 2014. http://webarchive.nationalarchives.gov.uk/20151202171017/http://www.smith-commission.scot/
43 Scotland Office, *Smith Commission Agreement: Non-legislative and additional issues for consideration*, HCWS458, HLWS449. https://www.parliament.uk/business/publications/written-questions-answers-statements/written-statement/Commons/2016-01-11/HCWS458/
44 *Scotland in the United Kingdom: An Enduring Settlement*, 2015, cm 8990. 末尾のAnnex Aに改正条項の草案がある。https://www.gov.uk/government/publications/scotland-in-the-united-kingdom-an-enduring-settlement
45 N. McEwen, 'A Constitution in Flux: The Dynamics of Constitutional Change after the Referendum', in A. McHarg, T.Mullen, A.Page & N.Walker eds., *The Scottish Independence Referendum: Constitutional and Political Implications* (Oxford University

Press, 2016), p.234.
46 D. Mundellの言葉。http://www.bbc.com/news/uk-scotland-scotland-politics-36353498
47 McEwen, n(45), pp.234 and 235.
48 松井，n(1), 150-153頁参照。
49 もちろん国会主権の形式的理解を貫いて，このような状況変化があってもそれが維持されるのは国会の「自制」がある限りであって，国会はそのような状況を覆す「主権的」権限を持ち続けているとの「空疎」な主張をし続けることは可能である。しかし，この「空疎」な理論を放棄することは，たとえば「憲法制定権力 (constituent power)」のようなこの国の憲法理論には存在しなかった新しい概念によって憲法理論を再構築することも必要になると考えられる。
50 ウェールズの地域議会 (ウェールズ国民議会 National Assembly for Wales) については，松井，n(11)参照。その後のウェールズへの権限移譲の拡大については，松井「イギリス地域的分権の展開——スコットランドとウェールズ」倉持・松井・元山，n(38), 11-12頁，Dickson, n(12), pp.259-263参照。ちなみに，Government of Wales Act 2006 (c.32)によってウェールズ議会の3分の2の賛成とウェールズ住民のレファレンダムを経て，2007年から部分的に第一次立法権も移譲されることとなった。この権限は，Wales Act 2014 (c.29)とWales Act 2017 (c.4)でさらに拡大されている。
51 北アイルランド議会 (Northern Ireland Assembly)については，松井「北アイルランドの和平と分権——地方分権とイギリス憲法改革（三）」島大法学47巻4号（2004年）参照。同議会によって選出される政府は，激しく分裂したコミュニティ間の対立を克服するための「各コミュニティを超えた支持 (cross-community support)」によるユニークな権力分有 (power-sharing) システム——たとえば議会の意思決定の特別の手続，主席大臣 (First Minister) と副主席大臣の同時選出など——を採用している。しかし，対立の完全な克服までには至らず，権限移譲は度々中断し，直近では2017年1月以降，副主席大臣の辞職によって政府の機能が中断するという事態が生じた。権限移譲後の北アイルランドについては，cf. Dickson, n(12), pp.264-268.
52 ただし，共通性については，松井「イギリス憲法の現代的展開と地域的分権」島大法学45巻4号（2002年）68頁以下で論じたことがある。
　2016年スコットランド法によって到達したスコットランドの権限移譲は，それをUK憲法に位置づければ，スコットランドとUKの関係のみならず，イングランドを含む他の地域への権限移譲問題とも絡みつつ展開することになる。
53 いわゆる「ウェスト・ロジアン問題」，あるいは「イングランド問題」である。この問題については，松井，n(1), 157-160頁，松井，n(52), 73-74頁，R. Rawling, J. 'A Coalition Government in Westminster', in Jowell, Oliver & O'Cinneide, n(12), pp.216-219, Dickson, n(12), p.269参照。
54 既述したように，本来スコットランド議会の任期（存続期）は原則4年である。しかし，2010年5月の総選挙の結果LDと連立を組んだ保守党キャメロン政府は，連立合意に基づいてUK国会庶民院の解散を原則禁止して，その任期（存続期）を5年に固定する解散禁止法 (Fixed-term Parliaments Act 2011 (c.14)) を成立させた。その結果任期（存続期）4年のスコットランド議会と国会庶民院の総選挙がともに2015年5月になることから，この競合を避けるために同法によってスコットランド議会の任期（存続期）が1年延

長された(第4条。同じくウェールズ議会も1年延長された)。
55　ほかは，保守党31議席(7+24)，労働党24議席(3+21)，緑の党6議席(0+6)，LD5議席(4+1)であった。http://www.bbc.com/news/election/2016/scotland/results　なお，スコットランド議会制定法Scottish Elections (Reduction of Voting Age) Act 2015 (asp 7)によってこの選挙から選挙権年齢は16歳に拡大された。1998年スコットランド法によれば，スコットランド議会の選挙(スコットランド地方自治体選挙での選挙権も)に関する事項は「留保事項」であったが，この拡大は同法30条による枢密院令(The Scotland Act 1998 (Modification of Schedules 4 and 5) Order 2015 (S.I. 2015/1764), arts. 1(2), 3(2)(a))による1998年法付則第5第2編B3条の例外(Exception)1～3の新設によって移譲された権限によってなされた。
56　http://www.bbc.com/news/politics/eu_referendum/results　その他離脱支持と残留支持の比率は，イングランドで53.4％：46.6％，ウェールズで52.5％：47.5％，北アイルランドでは44.2％：55.8％。
57　http://www.bbc.com/news/election/2017/results/scotland　SNPのスコットランドでの得票率も，前回の50.0％からマイナス13.1％の36.9％に後退した。しかし，第一党であることに変わりはない。他の政党の獲得議席は，保守党13議席，労働党7議席，LD4議席であった(スコットランドにおける庶民院議席数の合計は59)。なお，UK全体では，保守党は318議席(総議席数650)とどまり過半数に達せず，10議席を獲得した北アイルランドのプロテスタント政党民主統一党(DUP)と閣外支持協定(confidence-and-supply agreement)を結んで政権を維持している。

第4章
スコットランドへの権限移譲と連合王国・Brexit

ジョン・マケルダウニィ
（翻訳・倉持孝司）

1 はじめに

　2014年スコットランド独立レファレンダムは，政治史上・憲法史上重要な節目を印すこととなった。結果は，僅差でUK残留が支持されたが，それは，広くスコットランドの将来のための政治制度配置の点から解釈された。UK政府は，レファレンダム実施前の論議の一部として，スコットランド議会を最強の権限移譲体制の一つとする重要な追加的権限移譲を実施することを受け入れた。公共支出についてのスコットランドの負担に始まり，UK最高裁判所の権限を含む権限移譲のための憲法上の制度配置が，さらなる権限移譲の文脈で調査された。同様に重要なことは，スコットランドの憲法上の将来とEUとの関係である。これは，争われ続ける可能性があり，最終的解決の性質に関しては予測できない結果を伴うかもしれない。権限移譲にも関連して，UK最高裁によって下された最重要の憲法上の判決の一つであるいわゆる*Miller*事件判決において，UK最高裁判所は，全員一致で，スコットランドを含む権限移譲されたネイションは，EUとの関係およびその他の外交事項はUK政府および国会に留保された事項であって権限移譲制度が扱う事項ではないということを受け入れなければならないとした。[1] すなわち，UK最高裁判所のすべての裁判官は，UK中央政府はEU離脱通知を行う以前に権限移譲立法部から同意を求めるいかなる法的義務もないと判示したのである。より一般的には，*Miller*事件判決は，政治的反動があるかもしれないスコットランドとの将来の関係を支配する可能性のあるアプローチを詳細に述べた。疑いもなく，EUの構成員であることに関する交渉においてなおスコットランドの声が聞かれる余地は大きい

が，スコットランドに対していかに多くの重要性が与えられるかは確かにいくらか慎重さが必要な問題となる可能性がある。もし誤って取り扱われることになれば，スコットランドの声に対する公の不満の感情が高まることになるかもしれない。これは，UKの立場と容易には調和できない。それは，UKの一員であることに関してスコットランドでの新たな第二次独立レファレンダムが実施されることに通じるかもしれず，その結果がどうなるかは不確かである。UKとスコットランドとの将来の関係がどうなるのか，不確実性という影が覆っている。

2　スコットランドとUKとの間の財政上の調整

(1)　公共支出

　注目すべきことは，スコットランドはイングランドのすべてのリージョンおよびウェールズと比較して公共支出のレベルが高いということである。唯一の例外は北アイルランドであり，そこでは公共支出のレベルがスコットランドよりわずかに高い。北アイルランドの場合は，長年続く政治的・歴史的理由，より高い輸送費用および相対的に低い私的企業活動故に，説明可能である。スコットランド財政の経済状況は，石油価格の変動および北海油田石油生産における高価な閉鎖費用故のみならず，人口統計および低い人口密度のような諸要素故に非常に複雑である。北海油田石油生産は，1968年〜1969年に開始されて以来，そのピークはかなり以前のことであった。短期あるいは中期において，その経済的重要性が回復する見込みはない。スコットランドにおいて徴収される公金の総額，権限移譲制度の下で受け取る金銭およびスコットランドの正味支出は，正味赤字を帰結する。赤字は，北海油田の収益を除くとGDPの10.1％に達し，北海油田収益の地理的割当てを含むと9.5％に減少するが，これはGDPの4.0％の財政赤字というUK標準より著しく高い数値である。スコットランドは，より高額の税金の可能性を持ちつつ予見可能な将来のための公共支出に左右される可能性がある。

　北海油田に関する基礎となる見積りは，確かめるのは困難である。明白なことは，収益は過去6か年にわたって変動し，それは予測可能性の問題を導いた

ということである。すなわち，過去6か年にわたって，96億ポンドと6000万ポンドの間を変動したのである。スコットランドは一人当たりの公共支出が高いが，それは公共サービスに関する支出が高いことによって説明可能であり，税額控除および給付金は公共支出の高さの主要な理由ではない。影響力ある経済に関する「シンク・タンク」である財政研究所 (Institute for Fiscal Studies) は，比較は困難だが，UKとスコットランドとの間の公共サービスにおける差異がスコットランドが公金をより多く支出する理由の鍵となる要素であることに同意した。これは不可避のことではなく，公共サービスに関する支出を削減するか，あるいはGDPの割合に応じて税金を増額することは可能であろう。

　スコットランド政府とUK政府によって用意されたデータは，公共支出の算出において明らかにきわだった差異を示している。そのような差異は，比較をし，将来の支出の予測見積りをすることを困難にする。加えて，比較の基礎のために用いられる標準が存するが，標準の範囲内には多くの変動要因が存する。公共支出は，イングランドのさまざまな部分においても異なる。たとえば，南東部における公共支出は，UK標準より13％低いが，ロンドンにおいては10％高い。人口分布および貧困のレベルは，カントリィの異なる部分での相違を説明しうる変数である。

　比較に用いられるデータは，潜在的に誤解を招きやすい。スコットランドの低い人口密度は，経費の分析において考慮されなければならない一要素である。また，スコットランドにおける人口の年齢プロフィールも関連し，これは，高額の給与もまた影響力を持ちうるカントリィの他の部分と比較して，公共サービスを提供する経費を増加させるかもしれない。類似の情報を比較することを困難にする構造的・組織的差異も存する。水事業は，スコットランドにおいては公的に所有されているが，イングランドにおいては私的部門によって所有されている。教育についてもデータは類似の歪みを被っているかも知れず，スコットランドにおける大学授業料はイングランドおよびウェールズと異なっている。その結果，UKの他の部分からスコットランドに学生が流入している。保健衛生および住宅供給においても偏差が存し，公共支出の総額における差異の原因となっている。

(2) 歳　　入

　おそらく権限移譲の顕著な特徴の一つは，租税徴収および歳入徴収がロンドンに集中されており，同時に中央集権的に徴収されていることである。スコットランドにとって，総合課税の範囲が課税権と連結することは長期に渡って継続する政治問題である。UKの主要な諸政党と保守党政府との間には重大な政治的相違が存する。それはまた，UKにおけるスコットランドの独立の意味の明確化に依っても異なる。より大きな課税権限が次第にスコットランドに容認されるにつれて，スコットランド議会は，諸政策に対してイングランドにおける支出と比べてより多くの支出をすることが可能となる。2012年スコットランド法 (Scotland Act 2012 (c.11)) および2016年スコットランド法 (Scotland Act 2016 (c.11)) は，スコットランドに対してさらに大きな権限を付与した。2012年スコットランド法は，印紙税，廃棄物埋立税および所得税に関して権限を移譲したが，2016年スコットランド法は，権限の移譲に更なる努力をしており，航空旅客運送税，商業的砂利採取税，より大きな所得税および付加価値税による歳入を含んでいる。これらは，全体として，スコットランド議会の予算の50%になるだろうと見積られている。

　いくらの歳入が徴収されるかを見積ることは，消費税および法人税がスコットランドの収益割当分に基づいて見積られることから困難である。北海油田も，スコットランドの収益割当分次第なので計算は困難である[2]。スコットランド内の主要な税金は，所得税 (122億ポンド)，付加価値税 (112億ポンド) および国民保険料 (93億ポンド) ということになる。

　スコットランドの現在の財政赤字は，短期・中期の間残存する見込みである。これは，憲法上の変更および独立に関して決定される事項の範囲を決めることになるかもしれない[3]。スコットランドの財政制度はUKにおけるその憲法上の地位に大きな影響を与える可能性があるが，それは，とくにイングランドの有権者が自身の利益と不釣り合いなほどスコットランド経済に貢献していると感じるかも知れないからである。

　この間，スコットランドにおける権限移譲は，とくにスコットランド議会の立法において多くの新機軸を生み出している。たとえば，2016年土地改革 (スコットランド) 法 (Land Reform〔Scotland〕Act 2016 (asp 18)) は，小作農の権利を

強化するとともに，コミュニティ・オウナーシップ (community ownership) の概念を規定し100万エーカーの土地は2020年までにコミュニティ・オウナーシップにすべきことを確保することを期待している。スコットランド土地委員会 (Scottish Land Commission) の創設は，土地に関する権利と責任が明確な文書に示されることを保証するのに役立つであろう。当該土地を購入することは，それが持続可能な開発および地方の環境上の福祉を促進するために利用されるのであれば，1000万ポンド基金の運用を通して援助されることが可能である。これらは，論争的な変更であり，将来の世代にとって土地所有に対する態度を変更させるかもしれない。もし，主要な焦点が土地の環境管理に置かれているのだとしたら，土地利用の変更がいかに有効たりうるのかについて問題が存する。権限移譲は，法にアプローチし，憲法上の変更を企てる重要かつ独自の方法を創出することができる。[4]

EUは，歳入に関して一つの重要な財政上の要素である。スコットランドは，EUからの基金の事前割当てと同時に競争的獲得資金から利益を得ている。スコットランドは，2014年から2020年の間に46億ユーロの恩恵を得る可能性があると見積もられている。多年次財政枠組み (Multiannual Financial Framework) は，9億8500万ユーロを提供し，加えて19億ユーロに達する他の組織からの追加的資金提供が存する。[5] Brexit以後，財政がどのようになるのかという疑念が生じているが，現在EUが責任を負っていることのうちどの程度がスコットランドの責任となるかにも依るだろう。

3　憲法上の諸問題とUK最高裁判所

UK最高裁判所は，UKにおける最高位の裁判所であり，権限移譲システムにおいても重要な役割を演じる。スコットランドは，ウェールズおよび北アイルランドとともに「権限移譲問題」に関してUK最高裁判所の管轄権の下にある。[6] これは，特色ある独特の結果をもたらす。UK最高裁判所は，EU法というまれな状況を除いて違憲あるいは違法と宣言することはできないUK国会制定法の場合とは異なって，権限移譲された立法部によって制定された立法を法的に無効であると判定する権限を有している。UK最高裁判所は，ある規定を

無効とすることを要求されているわけではなく，1998年スコットランド法102条に基づいて，立法によって問題を是正するというスコットランド議会による決定が行われるまで，当該立法はスコットランド議会の権限の範囲外にあると認定することを留保することができる。

「権限移譲問題（devolution issues）」（ここでは，権限移譲された諸機関が，その移譲された法的権限を超えて行動し，あるいは行動しようとしているかどうかに関する問題）は，UK最高裁判所において重要な訴訟を提起するが，それらは，権限移譲の将来の型と同時に法制定に対する現行アプローチに影響を与える可能性がある。最も明白なのは，スコットランド議会が権限移譲されていない事項に関して立法を行うような場合である。また，たとえばスコットランド議会の立法がヨーロッパ人権条約あるいはEU法に違反するような場合には，人権の役割というような重要かつ関連した争点も存在する。

4　UK最高裁判所が事案を検討するための手続

スコットランド議会の面前に提出された法案は，法務官（Law Officer）によって最高裁判所に付託されることが可能である。この付託手続は，ウェールズおよび北アイルランドにおいてもまた利用可能である。それは，ウェールズにおいてのみ利用されたことがあるが，3件に限られており[7]，スコットランドにおいては利用されたことがない。

また，「権限移譲問題」に関して制定法上の付託あるいはアピールを行うことを可能にする手続も存する。スコットランドに関しては，1998年スコットランド法付則第6に規定されている[8]。これには，立法部あるいは執行部の行為を含む権限移譲された諸機関の行為の合法性の問題が含まれうる。合法性の問題は，権限移譲立法の下で規定された権限事項における管轄権の逸脱を通して生じる。たとえば，ヨーロッパ人権条約上の諸権利と適合しない仕方で，あるいはEU法に反する仕方で行為したような場合である。スコットランドの場合，スコットランド執行部に異議申立てするヨーロッパ人権条約上の諸権利についての問題が多くの訴訟において提起されてきた。スコットランド議会制定法の合法性に関する重要な訴訟も存在した[9]。訴訟はまた，通常の訴訟手続の一

部として最高裁判所に届くかもしれず,これは「権限移譲問題」が提起されうる一つの重要な方法であることが明らかになってきた。

5 スコットランド権限移譲と裁判所

　2009年以前には訴訟は貴族院上訴委員会に提起されたが,それ以後の最も注目すべきなのは後に検討される*AXA*事件である。[10]

　*Somerville v. Scottish Ministers*事件[11]における争点は,1998年人権法 (Human Rights Act 1998 (c.42)) と1998年スコットランド法との間の関係であった。1998年人権法は訴訟は一年以内に提起されなければならないと期限を設けていたが,これは1998年スコットランド法に基づく請求に対しては適用されないと判示された。これを受けて,2009年ヨーロッパ人権条約上の権利に関する訴訟手続 (改正) (スコットランド) 法 (Convention Rights Proceedings〔Amendment〕〔Scotland〕Act 2009 (asp 11)) が制定され,同法の下での請求に対して一年の期限が導入されたが,2012年スコットランド法は,1998年スコットランド法の下で提起されうるすべてのヨーロッパ人権条約上の請求に対して一年の期限を導入した (ただし,法務官によって提起された請求については除外された)。また,*Whaley v. Lord Watson of Invergowrie*事件において,スコットランド控訴院内院 (Inner House of the Court of Session) は,スコットランド議会はUK国会制定法の創造物であるのだからUK国会のように自身の手続を規制する特権は享受しないと判示した[12](ただし,1998年スコットランド法28条5項によれば,スコットランド議会制定法の有効性は制定に至る手続が無効であるかどうかによって影響されない[13])。

　UK最高裁判所の設置に先立つ時期には,裁判所に提起される訴訟は多くはなかった。その最もありそうな理由は,新たな権限移譲体制が定着し効果を生じるにはいくらか時間がかかるということであった。多くの事例において,法務官によって提出された意見書 (legal opinion) が曖昧さあるいは疑念のある事項に決着をつけるために利用された。R.ヘイゼル (Robert Hazell) は,初期の時期には,裁判所に訴えることなく政府内部で紛争に決着をつけるほうが好ましいと考えられたと述べている。[14]というのは,その方が権限移譲立法の下で付与された諸権限の範囲内での通常の政策決定については合理的に広範な裁量が認

められるという解釈に最優先の考慮が払われるからであろう。スコットランドとUKの関係について，訴訟という選択肢は多くの不確実性を伴うのであって，満足いくように運用される協定を作成することの方がより魅力的であると見なされるかもしれない。新たな権限移譲体制の下で，スコットランドは，それが成功であり公衆にとって魅力的であることが明らかにされる場合には，さらなる権限移譲を引き出すことができる潜在的可能性を有する一つの実験であった。スコットランドにおいてSNPへの政治的支持および優勢さが出現しつつあるということは権限移譲を成功させる刺激を与えるが，それを動機づけたのは権限移譲が完全な独立への第一歩であるという信念であった。スコットランドにおける権限移譲は，二重の役割を有している。第一に，ユニオニストの観点からすると，それは，UKによる直接的支配の下で可能である以上のより大きな自立性を提供したが，「連合」を実行可能かつ有益なものとするのに十分な魅力をもって「連合」を維持したということになる。このことは，2014年スコットランド独立レファレンダムの投票結果が「連合」を維持することになったことで証明された。第二に，スコットランドのナショナリストの観点からすると，1998年スコットランド法の権限移譲モデルは2016年スコットランド法を含む権限移譲のさらなる拡大によって補われる第一歩にすぎないということになる。

6 UK最高裁判所と権限移譲

「権限移譲問題」は，UK最高裁判所においても提起されてきた。多くの訴訟は，スコットランドの法制度の文化的独自性およびスコットランドから生じる訴訟を取り巻く政治的感受性を強調している。*Martin v. Most* 事件[15]において，被告人は，運転資格を剥奪されているのに運転したことで懲役6か月以上の有罪判決を受けた。被告人の異議申立ては，スコットランド議会は，問題の2007年刑事訴訟手続（改正）（スコットランド）法 (Criminal Proceedings etc.〔Reform〕〔Scotland〕Act 2007 (asp 6)) 45条の可決に関してその管轄権を超えたということであった。スコットランドにおいて，スコットランド刑事法院 (Court of Justiciary) は，UK最高裁判所へのアピールを許可した。本件は，1998年スコットランド

法の解釈方法についていくつかの有益な諸原則を導いた。1998年スコットランド法29条は，権限移譲制度の主要な基礎となる「留保事項」がいかに定義されるかについて規定している。「留保事項」というのは，UK国会の権限の範囲内にあり，スコットランド議会に権限移譲されていない事項のことである。主要な分析は，1998年スコットランド法はスコットランドの刑事法について別個の制度を規定しており，スコットランドの刑事法は「留保事項」ではないが実際にはその他の点で「留保事項」に及びうるということであった。UK最高裁判所は3対2の多数で，2007年刑事訴訟手続法の主要な目的は，量刑権限の行使における一貫性を確証するためにスコットランドにおける刑事法を改正することであると判示した。この判示は，当該スコットランド議会制定法の完全な意図は，手続の準則であって量刑の範囲を拡大することではないのであるから，「留保事項」に関して立法を行うということではなく，一つの適切かつ一貫したアプローチを規定するということであると示唆した。当該スコットランド議会制定法は，UKの1988年道路交通法 (Road Traffic Offenders Act 198 (c.53)) を修正したり変更を加えたりしていない。本件では，留保事項にとって「格別な」という概念に特別の注意が払われた。というのは，1998年スコットランド法は，スコットランド議会は「留保事項」に関する法律を修正することはできないが，スコットランドの刑事法に関しては留保事項にとって「格別な」場合に限って適用されるとしているからである。したがって，「格別な」という概念は，「留保事項」に関連し，その重要性は制定法の「目的」に関連する。留保事項にとって「格別な」ということが合法性の重要なテストを設定し，それについての解釈が何が権限移譲議会の権限の範囲内にあるかを定義するのに役立てられた。また，反対意見において，カー裁判官 (Lord Kerr) は，「権限移譲問題」を判断する場合，裁判所はその役割に対していかにアプローチすべきかに関して明確に述べた。それには，ハンサード国会議事録およびその他の情報源から利用可能な証拠の地位から推論される制定法の目的に対して特別の注意が与えられるべきだということが含まれている。制定法の目的に関する判例法は，カー裁判官の分析と結びついたさまざまな争点についての検討によって将来知らされることになるのは明らかである。

　後にみるように，裁判所は，一般的には，異議申立てに対して権限移譲され

た機関の権限を支持している。ただし，EU法の優位性および人権の解釈に関係する場合は別であり，その場合は，UK最高裁判所は時折スコットランドの裁判所によって行われた解釈を覆すことがある。

*AXA General Insurance and others v. The Lord Advocate*事件[16]において，スコットランド議会制定法である2009年損害賠償（スコットランド）法（Damages〔Asbestos-related Conditions〕〔Scotland〕Act 2009 (asp 4)）の合法性について異議申立てされたが，その場合，財産権を保障するヨーロッパ人権条約第1議定書1条との適合性およびUK最高裁判所の一般的な司法審査管轄権に関してその合理性（reasonableness）とくに不合理性（irrationality）および恣意性（arbitrariness）が問題となった。申立人は，保険会社であり，その主張は過失に対する責任に対して雇用者を免責するその約束から生じた。スコットランド議会の立法の要点は，さまざまなアスベスト関連の疾病および関連の健康状態から生じた身体損害の申立てに対する責任をスコットランド法の下での責任に含めることであった。

UK最高裁判所は，申立人はそうした申立てを行う資格を与えられており，裁判官は2009年損害賠償法が目的の点で正当でありその応答において比例的であることを確証する包括的権限を有していると判示した。UK最高裁判所は，社会政策および公益を含む立法の政治的文脈を考慮に入れた。UK最高裁判所は，当該立法は正当な目的を有しており，その目的を達成する手段は合理的かつ比例的であることを認定した。UK最高裁判所は，申立人の主張を棄却し，当該立法はヨーロッパ人権条約と適合し，申立人が依拠した司法審査を求めるその他の根拠のいずれにも反しないと判示した。

*AXA*事件判決の意義は，UK最高裁判所がスコットランド議会制定法の合法性を検討する監督的管轄権を有しているということを示したことである。ホープ裁判官（Lord Hope）は，UK最高裁判所の審査権限の問題に対するアプローチはウェールズおよび北アイルランドにおける他の権限移譲された諸制度に対しても適用されるが，スコットランド議会は「自立的な民主的に選挙された立法部」であるということが重要であると判示した。これは，司法審査の重要な水準点を示しており，ホープ裁判官は，裁判所は「最も例外的な状況においてのみ介入すべきである」と警告した[17]。その分析は，スコットランド議会とそれとは区別されるUK国会の主権についての比較分析から引き出されただけ

でなく，審査権限それ自体の基礎に基づいたものであった。すなわち，それは，立法権限を行使するスコットランド議会およびその他の権限移譲政府の立法計画に関する憲法上のプロセスについての重要な監視および抑制と均衡を構成するのである。

　1998年人権法もまた，「権限移譲問題」を提起するスコットランドにおける訴訟において依拠されている。*Cadder (Peter) v. HM Advocate*事件において，1998年スコットランド法以前にUK国会によって制定された1995年刑事訴訟（スコットランド）法 (Criminal Procedure〔Scotland〕Act 1995 (c.46)) が，法律上の代表 (legal representation) がいないところで警告の下で警察に対して自白をしていた被疑者による申立てに基づいて司法審査の対象となった[18]。自白の許容性が被告人が有罪と決定された後に争われ，アピールの根拠を形成した。警察による対面尋問の際に法律上の代表がいなかったことはヨーロッパ人権条約6条違反であると論じられた。スコットランド刑事法院は，スコットランドの初期の指導的判例であった*HM Advocate v. McLean*事件（以下，*Mclean*事件と言う）判決に基づきアピールの許可を拒絶したが，当該訴訟では，法律上の代表は法的権利であるとする主張は退けられていたのである[19]。本件は，UK最高裁判所にアピールされた。UK最高裁判所は，*Salduz v. Turkey* (2008) 事件[20]におけるヨーロッパ人権裁判所大法廷判決に従ったが，それは，警察に拘束されている者は当該権利を制限するのに止むに止まれぬ理由が存在しないならば，尋問されるのに先立って弁護士にアクセスする権利を有していると判示した判決であった。*McLean*事件におけるスコットランド裁判所判決は覆され，1998年スコットランド法には1995年刑事訴訟（スコットランド）法を審査から保護するものは何もないと判示された。1995年刑事訴訟（スコットランド）法は，司法へのアクセスに関するヨーロッパ人権条約6条に適合するように解釈することはできなかったのである。UK最高裁判所が判決を下した後，2010年刑事訴訟（法的支援，拘禁およびアピール）（スコットランド）法 (Criminal Procedure〔Legal Assistance, Detention and Appeals〕〔Scotland〕Act 2010 (asp 15)) がスコットランド議会によって制定され，被疑者に法律支援にアクセスする権利が認められた。

　UK最高裁判所は，また，刑事事件その他において生じる1998年人権法上の請求を扱う権限およびスコットランドの裁判所がヨーロッパ人権条約6条を正

しく解釈したかどうかを決定する権限も1998年スコットランド法の下での「権限移譲問題」に関する管轄権に含まれると判示した。*Fraser (Nat Gordon) v. HM Advocate*事件[22]において，スコットランド刑事法院は，有罪判決に対するアピールを退けたが，そこでは被告人は原審が誤審であるという主張を支持する新たな証拠を提出しようとした。被告人は，国王が公判前に情報を開示しなかったことがヨーロッパ人権条約6条の権利を侵害し，また，有罪判決は，1998年人権法に反するので，1998年スコットランド法の下でのスコットランドの裁判所の権限の範囲外にあるかどうかという「権限移譲問題」を提起すると主張した。UK最高裁判所は，これはUK最高裁判所が管轄権を有する「権限移譲問題」であり，スコットランドの裁判所によって適用されたテストは指導的判決である*McInness v. HM Advocate*事件判決[23]において最高裁判所によって採用された解釈と一致しないと判示した。

2012年スコットランド法は，多くの重要な憲法上の争点を扱っている。同法14条は，スコットランドの大臣がヨーロッパ人権条約上の権利と適合しないで行為したと主張される場合，既述のように，1998年スコットランド法の下で訴訟を提起するのに対して期限を設けた[24]。ヨーロッパ人権条約上の権利およびEU法に対するUK最高裁判所の管轄権は，2012年スコットランド法34条の下で明確にされた。これは，スコットランド担当法務長官 (Advocate General for Scotland) にスコットランド刑事法院に対して刑事訴訟手続において生じる「適合性問題 (compatibility issue)」を付託する明示的権限を付与した。2012年スコットランド法35条の下で，スコットランド法務長官 (Lord Advocate) およびスコットランド担当法務長官に対して追加的権限が付与され，スコットランド刑事法院あるいはもし必要であればUK最高裁判所に対して「適合性問題」に関する争点を付託することを下級裁判所に要求することを可能にした。2012年スコットランド法は，UK最高裁判所にヨーロッパ人権条約上の権利あるいはEU法上の争点（「適合性問題」）を提起するかもしれないスコットランドからの刑事上のアピールを審理する権限を与えた (34～37条)。

*Imperial Tobacco Ltd. v. Lord Advocate*事件判決は，スコットランド議会制定法の諸規定が，1998年スコットランド法付則第5「留保事項」の一覧における「特定の留保事項」に関連するという理由で異議申立てされた最初の事案

である[25]。そこでは，スコットランド議会によって制定された2010年タバコおよび一次医療サービス（スコットランド）法（Tobacco and Primary Medical Services〔Scotland〕Act 2010 (asp 3)）の合法性に対する重要な異議申立がされた。主要な主張は，同法は，スコットランド議会の権限の範囲外のものであり，1998年スコットランド法付則第5の下での「特定の留保事項」に関連するというものであったが，スコットランド控訴院によって棄却され，タバコ会社によってUK最高裁判所に対してアピールされた。スコットランド議会が立法することのできないUK国会に留保された事項には，「消費者への商品の販売・供給」および「製品の安全性」が含まれる。UK最高裁判所は，立法部の権限に関する有益な指針を提供した。1998年スコットランド法に規定された特定の手続および準則は解釈されなければならず，この解釈はUK国会制定法の場合と同一である。解釈は重要な事項であるべきであり，1998年スコットランド法が「憲法的制定法（constitutional statute）」であるという事実はそれ自体で同法についての解釈に対する指針としての働きをするわけではない。目的解釈は，立法の合法性を決するのに重要である。裁判所が統治のプロセスおよびシステムに対して裁量を与えることを認めるというのが目的解釈の一形体である。本件に関して，問題のスコットランド議会制定法の主要な目的は，広告の有効性およびその魅力を削減することによって公衆衛生を促進することであって1998年スコットランド法の下でスコットランド議会の権限の範囲内にあり，消費者保護を達成しようとするようなものではない。したがって，同法は，「消費者への商品の販売・供給」という「留保事項」の保護された領域に踏み込んではいない。UK最高裁判所は，アピールを全員一致で棄却し，それによってスコットランド議会制定法を支持した。

　Salvesen v. Riddell 事件[26]において，サルベセン（Salvesen）氏は，スコットランド議会制定法である2003年農業用土地保有（スコットランド）法（Agricultural Holdings〔Scotland〕Act 2003 (asp 11)）72条がスコットランドにおける農業用土地保有制度を改正したとの理由で異議申立てを行った。この新法は，借主の不動産賃借権を終了させる不動産貸主の権利に対する制限を含んでいた。同法は，選挙マニフェストでの公約として掲げられたもので，その実施はスコットランド政府の計画の一つであった。UK最高裁判所は，申立人の権利は同法によっ

て侵害され，しかも同法はスコットランド議会の権限の範囲外のものであると判示した。本計画に関する主要な問題は，その適用の恣意的性格であり，人権とくにヨーロッパ人権条約第一議定書1条（財産権保障）との適合性であった。UK最高裁判所がとったアプローチは，同立法の影響力および公平さを評価するためにさまざまな範疇の地主に対する立法の含意（地主ごとに扱いが異なる）を十分に調査することであった。さらなる協議および討議に照らして行われるべきことについて調整をし再検討する時間をスコットランド政府・議会に与えるために，2003年農業用土地保有（スコットランド）法がスコットランド議会の権限の範囲外のものであるとの裁判所の認定の効力を一時停止することもまた重要であった。ホープ裁判官は，適合性を達成する方法についての決定はスコットランドの大臣によって指示を受けたスコットランド議会に委ねられるべき事項であることを明確にした。

7 スコットランドとEU

　UKにおけるEU離脱レファレンダムの結果，EU離脱が決定されたことは，スコットランドだけでなくその他の権限移譲されたネイションにとっても極めて大きな政治的・憲法的意義を有している。Brexitの条件の交渉は，相当の機敏さと熟練とを必要とするであろう。UKのEU離脱プロセスの開始に対応して，権限移譲された立法部の各々はそれ自身の応答を行うことになろう。スコットランドの場合は，首相によって行われたさまざまな陳述において，スコットランドはスコットランドのための有利な交渉結果を得たいと欲していることが示唆された。疑いもなく，UKは，EUに関して主権的であり続けている。しかしながら，EU離脱手続を定めた2007年リスボン条約（Lisbon Treaty）50条に基づく離脱通知は，UK最高裁判所において大権利用についての問題を提起した。高等法院合議法廷において，同50条発動のためには立法の「利用」が必要であると判示された。この判示は，当該立法についてはシーウェル憲法習律（the Sewel Convention）に基づいて権限移譲されたネイションの同意を必要とするか否かという問題を提起した。この問題は，*McCord*事件[27]において北アイルランドの裁判所によって検討された。同裁判所は，同意はネイションの権

第4章 スコットランドへの権限移譲と連合王国・Brexit

限内の権限移譲された事項に影響を与える立法に対してのみ必要とされると判示した。その訴訟の核心にある主張は，リスボン条約50条の発動は1972年ECに関する法律 (European Communities Act 1972 (c.68)) に基づきEUの構成国であることによって付与されたさまざまな諸権利を容赦なく除去することに通じることになるというものであった。そのような諸権利は，明示的な立法部の制定法によってでなければ除去されないと論じられた。さらに，UK国会が権限移譲された立法部を設立する際に意図したことは，スコットランドを含む各ネイションが移譲された権限の範囲内においてEU法を遵守し履行するということは移譲された権限の一部であるということであったと論じられた。*McCord* 事件において，裁判所は，北アイルランドにおける権限移譲に関するいずれの憲法習律も法的に実行可能であるという考えを退けた。

スコットランドの場合，UK最高裁判所に対するアピールにおいてシーウェル憲法習律は権限移譲された事項に影響を与える立法に対してだけでなく，権限移譲された立法部あるいは執行部の権限の範囲に影響を与えるかもしれない立法に対しても適用されると広義に解釈されると論じられた。ここには，強行可能性についての受け入れられた法的形式とは異なる解釈が存在する。[28] スコットランド政府が憲法習律についてどのような意味を与えるかは解釈の余地が残されていると論じられた。UK最高裁判所は，*Miller*事件において，権限移譲された諸制度は立法上の役割を有すべきであるとする主張を退けた。UK最高裁判所が採用した鍵となるアプローチは，権限移譲された立法部はEUからの離脱に関して照応する立法上の権限を有していないというものであった。この原則は，すべての権限移譲されたネイションに対して一般的に適用される。UK最高裁判所はまた，UK国会と権限移譲された諸制度との間の関係，とくに重複する立法上の権限が存在する場合の基礎を規定するシーウェル憲法習律についていくらか詳細な検討を行った。スコットランドにおける鍵となる立法上の枠組みである1998年スコットランド法28条7項 (UK国会のスコットランドについての立法権の維持を規定) がUK最高裁判所によって検討された。[29] UK最高裁判所は，シーウェル憲法習律はUK国会と権限移譲された立法部との間の関係において重要な役割を有するということを受け入れた。しかしながら，UK最高裁判所は，憲法習律はUK国会の活動を政治的に制約するものであり，2016

年スコットランド法2条はシーウェル憲法習律に制定法上の承認を与えたが（1998年スコットランド法28条8項を追加），そのことによってUK国会は憲法習律を裁判所が強行可能な準則に変えたわけではないとした。そして，シーウェル憲法習律の運用および監視は司法部のコントロールの権限外であるということに同意した。*Miller*事件判決の含意は，広範囲に及ぶものである。シーウェル憲法習律の重要性は，それが共通の「合意協定の諸項目」すなわち共通の合意によってUK国会と権限移譲された立法部との間の関係において特定の仕方で取り扱われるべき諸領域を示しているということである。スコットランド，ウェールズおよび北アイルランドはEUを離脱する決定に対する拒否権を有していないとする*Miller*事件におけるUK最高裁判所判決は，第一次的立法を通してUKのEU離脱を授権する第一次的責任をUK国会に委ねている。その場合，国会審議がどれほど確保され，スコットランド選出国会議員がスコットランドの役割を審議する機会がどれほど認められるかが問題である。[30] いくつかの権限移譲された諸事項が不明確なままにされている。多くの事例において，EU事項はUK国会に留保されているけれども，スコットランドの大臣およびスコットランド議会がさまざまなEU指令を通してEU法を遵守し履行しなければならない多くの事例もまた存する。UK最高裁判所は，そのような責任が存在するということを承認するにもかかわらず，*Miller*事件判決において，スコットランド議会の管轄権を拡大しUKがEUを離脱する前にスコットランド議会の同意が必要であるとする考えを退けた。それぞれの権限移譲体制の範囲内でEUとの関係で負っている責任の問題を解決することは，慎重に交渉し討議されることが必要であろう。

8　スコットランド——将来の諸問題

　スコットランドはその将来および憲法上の地位についていくつかの不確実性に直面していることは明らかである。UKがEUを離脱する場合，農業，漁業，環境および通商など現行のEUの政策領域の多くはスコットランドおよびその他の権限移譲されたネイションに対して権限移譲されるであろう。その一覧は確定されなければならないが，スコットランドに戻されるべきさまざまなEU

第4章　スコットランドへの権限移譲と連合王国・Brexit

の権限が決定されるまでにはなお時間がかかるであろうことはもどかしいことである。また，この重要な時期にスコットランドおよびその他の権限移譲されたネイションがそれぞれの政府とUK政府との間の関係をいかに展開させるかという問題もある。現行の制度は，スコットランドとUKとの政府間を含む権限移譲されたネイション間で生じる事項についての合同大臣委員会（Joint Ministerial Committee）である。この合同大臣委員会は，Brexit交渉あるいはBrexit以後代わりに設けられる制度配置として企図されたものではない。スコットランドは，過去とは異なる可能性のある国際的地位を考慮すると，自身の将来の政策決定および戦略に関する決定を行わなければならないであろう。スコットランドは，ブリュッセルおよびその他のヨーロッパの首都における国際的役割の展開に敏感に反応しかつ先取り的である。このことは，重要な展開であり，スコットランドのグローバルな地位に新たな展開の段階をもたらすことが可能となる。スコットランドは，一連の困難な挑戦を受けている。スコットランド独立レファレンダムにおけるUK残留を支持する投票結果は，権限移譲およびEU離脱というUK政府の決定と調整されなければならない。スコットランドにとってBrexitとUKの構成員であるということを調整することは，容易なことでないことになりつつある。さらに複雑な問題は，日々の政治にも存する。スコットランド政府はSNPによって導かれているが，UK政府は保守党の中道右派によって導かれている。二人の指導者の個性からすると，共通の合意あるいは目標を見出すことは容易なことではないかもしれない。スコットランドを含む権限移譲されたネイションは，権限移譲されたネイションにおける困難についてのUK中央政府の認識は十分なものではないと感じている。行く手には多くの困難な憲法上の問題が存在している。スコットランドを含むすべての権限移譲されたネイションは，EUから権限を取り戻すに際して立法の修正を行わなければならないことになる可能性がある。しかし，立法を修正することは，政治的に困難であり，ロンドンにおける中央政府によって辺境化されているという感覚に敏感になる可能性がある[31]。スコットランド議会とUK国会とが複雑な権限移譲体制の範囲内でいかに活動すべきかに関してもさらなる検討が行われなければならないであろう。

　スコットランドを含む権限移譲されたネイション間の現行の関係は，強度の

緊張状態にある。公務員は確かに協同しているが，政策形成が検討される方法には複雑な困難さと政治的相違が存するので政策形成には多くの制約が存する。BrexitおよびBrexit以後についての参加および討論は，権限移譲されたネイション間での実質的な制度上の支持を必要とするであろう。政府間諸制度の役割を拡大することは，政策形成についての十分な討論および分析が存在することを確実にする点で重要な優先事項である。これは簡単にはいかないであろうし，実効的な結果を確実なものにするには憲法上の柔軟さおよび機敏さを必要とするであろう。スコットランドについては，UKの構成員であることに関して第二次独立レファレンダムが行われる可能性があり，それは，EUの構成員であることについてコメントする機会ともなるであろう。EUの構成員であることとUKにおける「連合」とを合わせて考えることは，この先UKにおける主要な憲法上の争点となる可能性がある。

　スコットランドの経済的将来はまた，いかなる通商関係が進展し展開するかと結びついている。多くの者は，これをUK経済全体が発展する一つの機会と見るであろうが，スコットランドにおいてはそれはスコットランドの自立性，独自性および経済的福利の一手段と理解されるであろうという考えに抵抗することは困難である。スコットランドおよびその他の権限移譲されたネイションに対して権限移譲されるべきEUの権限の正確な範囲は，不明確なままである。この問題を解決することは，将来のスコットランド経済についての交渉の助けとなるであろう優先事項である。何がスコットランドに取り戻されるかについての現行の曖昧さは，スコットランド政府に自身の政策および対外関係を展開する相当の裁量の余地を残している。これは，スコットランドの地位がどうなるかに関して多くの機会を残しているということであり，また，Brexit交渉のための2年間を通して多くの展開と意図せざる結果が存在することになるかもしれない余地を残しているということでもあり，潜在的に危険な状態である。不確実性は，スコットランドにおける不満を増大させ，スコットランドが地元の利益のみを重視して共通の利益から離れてしまうことに通じるであろう。これはまた，スコットランドにおいてナショナリストの独立を強めることになり，UKを一体化させるのではなくより断片化させるだけである。今は，EU自身がBrexitに照らして経済的調整を行わなくてはならない時である[32]。将

来は不確実であるが，憲法上の不安定さは可能な限りいつであれ回避されるべきである。おそらく無意識のうちに，EU離脱レファレンダムは，UKの憲法上の諸制度に巨大な圧力を課し，予期しえないかつ制御できない結果をもたらしているのである。

9 結　論

　スコットランドの現行権限移譲制度は，1998年に権限移譲が最初に導入されて以来，相当程度拡大された移譲権限を有するに至っている。2016年スコットランド法は，先例のない広範な移譲権限を規定し，スコットランド議会を権限移譲されたネイションのうちで最強なものの一つとした。とくに重要なものは，福祉給付，速度制限，交通標識，鉄道許可，オフコム（Ofcom: Office of Communications），鉄道警察，スコットランドに関するクラウン・エステート（Crown Estate）の諸側面に対する権限であり，スコットランド議会のための選挙制度については，変更の提案に関してスコットランド議会における3分の2の多数の賛成に服することが条件とされている。平等な措置という点で刷新的であり実験的なものであり，新たな制度配置はスコットランドにより大きな自立性を付与するが，それはあくまでUKの範囲内においてのものである。そのような広範囲に及ぶ権限移譲を行うことは，長期にわたって苦闘したスコットランドのナショナリズムの歴史において機敏な対応が行われた憲法上の瞬間であった。それはまた，完全な独立には至らないナショナルな要求の正当性が受け入れられたということでもある。

　上記のような実質を有する体制が，少なくとも一世代か二世代の間，独立を求めるスコットランドの要求を満たしうることが期待され望まれた。最近の世論調査は，このことに同意を示す傾向がある。UKから離脱することの支持は，2014年独立レファレンダムで示された約45％をかなり下回っている。これは，実際上の政治を反映しているのかもしれず，いかなる変更も，よくて面倒だと思われ，最悪受け入れ困難だと思われている。UKの強硬なBrexitと独立したスコットランドとは，国境管理を維持することを困難にすると思われ，北アイルランドとアイルランド共和国との間で近時議論されつつある国境に関連

した諸問題の多くが関連する。石油収益の不安定さがスッコトランド財政に影響を及ぼし，UKにおける現行の寛大な財政上の調整が金融市場における混乱の衝撃を和らげている。スコットランドにおける独立を支持する投票の結果最も起こりそうなことは，増税であり公共支出における経費削減であろう。スコットランドが独立国家としてEUの構成国となるということは保証されず，その間の数年は大きな不確実性を残すことになろう。もし，第二次独立レファレンダムが現時点で実施された場合，多くのコメンテイターは「連合」を支持するものとなろうと推測している。しかし，このことは，そうした推測が予見できる将来にもそのまま有効であることを示唆するわけではない。Brexit体制およびその結果は，スコットランドおよびUKの将来にとって極めて重要なものとなる可能性がある。UKの経済的展望は不確実である。「シンクタンク」財政研究所は，「経済的予測を取り巻く不確実性の程度は，ほとんど前例のないものである」と明確に述べている。[33]

　EUの一部としてスコットランドとUKとの関係のダイナミクスは，多くの人が承認したいと思うかもしれないよりもより密接かつ堅く絡み合っている。UKがスコットランドの必要に十分な配慮を払うことなくEUを離脱する場合には，スコットランドはUKの構成員であることを疑問視することになる可能性がある。このことは，元に戻すのは困難な動向と言えるかもしれない。というのは，スコットランドのナショナリストは，大衆受けする大義を掲げそのためにナショナリストに結集するよう呼びかける手段として喜んでイングランドの孤立を指摘するかもしれないからである。このことがナショナルな私利私欲の点で容易に提示される大衆の支持に基づくスコットランドの独立に導くかもしれないと驚きを示すような者はほとんど存在しない。将来を予測することは，憲法上の変更が行われる時期には格別に困難なことである。UK最高裁判所の役割がEUを離脱するための憲法上の展開の将来を形成する際にいかに影響力があるかについては既にみたところである。*Miller*事件におけるUK最高裁判所判決は，EU離脱手続を開始するために政府は国王大権を利用することはできず，国会は離脱を授権する立法に同意しなければならないとした。スコットランドはEUを離脱するか否かについてのUKの決定に対して拒否権を有していないとするUK最高裁判所判決は，ある者を失望させたが，最もあり

うる結果であった。スコットランドとUKとの憲法上の関係を定義することは，ほとんどの者が予測しえなかったかもしれないような関係についての法的・政治的輪郭を描くことになる可能性がある。スコットランド権限移譲の政治・経済は，今後何年間か激しく論議され続ける可能性がある。権限移譲，スコットランドおよび「連合」は，進化しかつ予測できない関係について多くの興味深い司法判決を引き出す可能性がある。多くの点で，UKの将来の構造は，多くの者が信じたいと思うかもしれない以上に権限移譲されたネイションとより密接に関連している。EUを離脱することは，スコットランドにおける憲法体制に対して予期もせず意図もしないような結果をもたらす可能性がある。Brexit論議は，UK内における政府間交渉の機構の弱点を明るみに出した。争いあるアプローチおよび異なる憲法上の観点を調整することは，適切な重要性を与えられる必要があり，それによって交渉と討議に関して十分な抑制と均衡が存在し，これらはスコットランドの将来とスコットランド人民の利益を促進することになる[34]。スコットランド政府およびその他の権限移譲政府がBrexitに関する交渉に組み入れられるべきことを保証することに対しては，多くの異議申立てが存在する。

【注】

1　R (Miller) v Secretary of State for Exiting the European Union [2017] UKSC 5.
2　北海油田に関して，計算と見積もりは予算責任局 (Office for Budget Responsibility) によって行われる。現在のところ，収益は，2020/21会計年度までの時期はマイナスに止まるであろうと予測されている。グローバルな石油価格は，消費と需要次第なので予測が困難である。数字は，スコットランド独立と関連した政治的・経済的論議にとって大きな意味を持つ。
3　House of Commons Library Briefing Paper, No. 06625, Scotland: Public Spending and Revenue (22 September 2017).
4　ENDS Report, vol.500, October 2016, p.8.
5　House of Commons Library Briefing Paper, No. 07213, Brexit: Impact across policy areas (26th August 2016).
6　The Scotland Act 1998, the Northern Ireland Act 1998, the Government of Wales Act 1998を参照。
7　Local Government Byelaws(Wales)Bill [2012] UKSC 53, Agricultural Sector(Wales) Bill [2014]UKSC 43, Recovery of Medical Costs for Asbestos Diseases (Wales) Bill [2015]UKSC 3.3. なお，D.Feldman, "Statutory Interpretation and Constitutional

Legislation"[2014] *L.Q.R.* 496を参照。

8 他につき、Schedule 9 of the Governance of Wales Act 2006, Schedule 10 of the Northern Ireland Act 1998.
9 *Salvesen v Riddell* [2013] UKSC 22.
10 *AXA General Insurance Ltd. v. HM Advocate* [2011] UKSC 46.
11 *Somerville v Scottish Ministers* [2007] UKHL 44.
12 *Whaley v Lord Watson of Invergowrie*, 2000 SC 340.
13 C.Munro, "Privilege at Holyrood" [2000] *PL*, p.347.
14 R.Hazell, "Out of Court: Why have the courts played no role in resolving devolution disputes in the United Kingdom?" (2007) *Journal of Federalism* 589.
15 *Martin (Sean) v. HM Advocate* [2010] UKSC 10.
16 *AXA General Insurance Ltd. v. HM Advocate*, n(10).
17 *AXA General Insurance Ltd. v. HM Advocate*, n(10), para.49.
18 *Cadder (Peter) v. HM Advocate* [2010] UKSC 43.
19 *HM Advocate v. McLean* (Duncan)[2009] HCJAC 97. See. [2011] *PL* 166.
20 *Salduz v.Turkey* (2008) 49 EHRR 421.
21 98条および付則第6。
22 *Fraser (Nat Gordon) v. HM Advocate* [2011] UKSC 24.
23 *McInness (Paul) v. HM Advocate* [2010] UKSC 7.
24 *Somerville v. Scottish Ministers* [2007] UKHL 44. 2009年ヨーロッパ人権条約上の権利に関する訴訟手続法(修正)(スコットランド)法(Convention Rights Proceedings (Amendment) (Scotland) Act 2009 (asp 11)) (現在は、2012年スコットランド法14条)。
25 *Imperial Tobacco Ltd. v. Lord Advocate* [2012] UKSC 61.
26 *Salvesen v. Riddell* [2013] UKSC 22.
27 *McCord's (Raymond) Application* [2016] NIQB 85.
28 A.マクハーグ(Aileen McHarg)教授の分析は、次のビンガム法の支配センター(Bingham Centre for the Rule of Law)へ提出の文書、A.McHarg, The Role of the Developed Legislatures in Triggering Article 50 (30th November 2016, Bingham Centre for the Rule of Law)による。
29 照応するウェールズにおける立法枠組みは、2006年ウェールズ統治法107条5項、北アイルランドについては、1998年北アイルランド法5条である。
30 House of Commons Library Briefing Paper, No.7884, European Union (Notification of Withdrawal) Bill, (27th January 2017).
31 R, G.Whitman, *Developed External Affairs: The Impact of Brexit*, Chatham House: London(February 2017).
32 Ewa Chomicz, "EU Budget post-Brexit", *European Policy Centre Discussion Paper*, 7th March 2017.
33 The IFC, *The Economic Outlook* (February 2017), p.43.
34 A.Paun, "What happens if the UK and devolved governments can't agree on Brexit?" (Institute for Government, 23rd September 2016).

第5章
連合王国・スコットランドにとっての連邦制の将来

クリス・ヒムズワース
（翻訳・倉持孝司）

1 はじめに

　2014年スコットランド独立レファレンダム・キャンペーンの最終段階で，G.ブラウン（Gordon Brown）労働党前首相は，「否」票が多数を占めた場合，スコットランドに対して提案される結果は「可能な限り連邦制に近いもの」となろうという急進的な約束をした[1]。これは，政治的に論争的な提案であり，スコットランド「独立」に反対し「連合」を維持しようとするユニオニスト派の党首たちによってなされた一層具体的な特定の（かつより権威ある）「誓約」（the Vow）（それは，2016年スコットランド法〔Scotland Act 2016 (c.11)〕によって実質的に実施された）[2]が勝ることになったが，ブラウン提案は，「連合王国（UK）」の文脈において，政治的にも憲法的にも，連邦制の概念が展開される仕方にいくらかの識見を提供するものであった。一方で，「連合王国」は正式な用語としては「連邦制」ではなく「単一国家（unitary state）」であるが，「連邦制の度合い」[3]が表示されうる非公式の物差しが存在し，そうした物差しによれば，UKは，今日機能している権限移譲政府のためのあらゆる諸制度によって多くの連邦制的諸特徴を確かに備えているという理解が存する。それによると，強力な権限移譲は，「準連邦制（quasi-federalism）」と特徴づけることができるというのである。しかし，他方で，それと並行して，そうした「準連邦制」と「厳格な，いわゆる連邦制」との違いは明確であり，その違いは，実質的に憲法上重要な違いであるので曖昧にされてはならないという理解が存する。

　本章は，UKの文脈での連邦制について論じる。その際，できるだけ概括的かつやや粗削りに論じることにするが，UKの観点から受け入れられている連

邦制の魅力と同時に短所を参照することにしたい。というのは，長年にわたってこれら魅力と短所が指摘されてきたからである。概して，短所が魅力を上回ると言え，ほとんどの論者および政治家は，UKにおける憲法上の設計図の基礎としての連邦制には反対してきた。しかしながら，2014年9月スコットランド独立レファレンダム後の憲法上の緊張状態は，本章末尾で論じるように連邦制を再び憲法上のアジェンダとした。2016年6月EU離脱レファレンダムはそれら緊張状態をさらに高めるとともに，あらゆる形体の憲法改革（およびその他の公共政策上の諸事項）に関する議論を停止した。しかしながら，後に論じるように，Brexit論議の今後の展開が連邦派の論議の潜在的妥当性を一層拡大することになろうことは大いにありうることである。

2　1969-1973年統治構造に関する王立委員会

　連邦制についての魅力と短所を論じる前置きとして，1969-1973年統治構造に関する王立委員会 (Royal Commission on the Constitution)（通称，キルブランダン委員会。以下，キルブランダン委員会と言う）報告書[4]の所見を検討することは有益であろう。それは，40年以上も前のものであり，それ故，1997年以降の権限移譲の劇的な進展のずっと前の時代のものである。他方，キルブランダン委員会の評価はなお妥当性を保持しており，政治的党派性がないということは貴重であるし，報告書は有益で簡明なものである。

　キルブランダン委員会は，報告書自身が「統治の運用に関する不満」と呼んだことの結果として任命された[5]。とくに，「スコットランドの人びとは，その通常の政治的忠誠心が動揺させられたため，SNPの傘下に膨大な数で結集し始めていた」[6]。キルブランダン委員会の付託事項は，「連合王国におけるさまざまなカントリィ，ネイションおよびリージョンとの関連で中央の立法部および政府の現行の機能を調査すること，……現行の憲法上および経済上の関係におけるそれら諸機能その他の点で何らかの変更が望ましいかどうか……を検討すること」であった[7]。委員会は，これら付託事項からUKの統治構造およびその構成部分の運用の実質的再検討に取り組んだ。それは，グレイト・ブリトゥンにおいて「現存の不満」とみなされていることを調査したが，それには，「統治

における拡大と変化」,「グレイト・ブリトゥンにおける統治に関する不満」,「ナショナルな感情」が含まれていた。委員会はまた,それに従って調査を進める「一般的諸原理」を案出し,一方で,「分離主義(separatism)」,他方で,「連邦制」を支持する理由を検討し,その主要な諸勧告の基礎となった最も重要な項では,「グレイト・ブリトゥンにおける権限移譲の範囲」を検討した。[8] その諸勧告に基づいて,スコットランドおよびウェールズに対する権限移譲の提案が,まず1976年スコットランド・ウェールズ法案(Scotland and Wales Bill of 1976)という形で行われ,続いて,後に別個の1978年スコットランド法(Scotland Act 1978 (c.51))と1978年ウェールズ法(Wales Act 1978 (c.52))とになった個別の法案という形で行われた(ただし,同法はいずれも最終的に廃止された)。すでに述べたように,キルブランダン委員会は,これら諸勧告に至る過程で,連邦制による解決という代替的可能性を検討しなければならなかったのである。

　しかしながら,キルブランダン委員会にとって,連邦制が実際の選択肢にはならないであろうことは明白であり,次のように述べた。

　「スコットランドおよびウェールズにおいて連邦制に対する要求は非常に小さなものであったし,イングランドにおいてはそのような要求は実際にはほとんど存在しなかった。本委員会の参考人もほとんどが連邦制を提案しなかったし,連邦制をよく知る者は,それに反対の助言をする傾向があった。にもかかわらず,連邦制は,本委員会が拒絶する分離主義と,本委員会が支持する何らかの形式での権限移譲の中間的な重要な憲法上のモデルである。それは,多くの先進国において機能しており,そこでは他のいずれの制度より優先されて採用されている。それ故,連邦制は本委員会の討議において一定の位置を占めてしかるべきである」[9],と。

　キルブランダン委員会の分析は[10],次の四部から成る。第一部,連邦制の意味,第二部,連邦制の実際,第三部,UKに対する連邦制の適用可能性,第四部,結論である。

　委員会は,専門家である参考人の1人が[11]連邦制の正式の定義は意味がなくなったことを示唆していたことに注意しつつ[12],にもかかわらず連邦制の一般的諸特徴として次の諸点を挙げた。①分割された主権のシステムであり,諸機能が連邦(たとえば,外交,移民,海運などを含む)と州(教育,道路,公衆衛生など州

内事項)との間で分割されること,②諸機能の配分は成文憲法において規定されること,③憲法の基礎的条件は特別保障され,連邦,いずれかの州あるいは諸州の合わさった裁量のみで修正することはできないこと(憲法修正は特別な手続によってのみ行うことができ,それによって変更に対する広範な支持が確保される),④連邦立法部は,一般に人民全体によって直接選挙される下院と州代表から成る上院とによって構成されること,⑤憲法の下で各々の責任に応えるために,財政資源を連邦政府と州政府との間で分割するための規定が存することである。なお,キルブランダン委員会は,このように連邦制を記述する際,それは過度に単純化されたものであることを認め,実際にはそうしたシステムは極めて複雑で多様であると述べている[13]。

次に,連邦制の実際についてのキルブランダン委員会自身の検討に目を向けると,委員会の主要な印象は,連邦制は,政府の責任の一般的増大,取り扱いの平等に対する大衆の要求,連邦の財源に州が依存する程度の増加および分割された主権の解消に対応できていないというものであり,これらすべてのことから委員会は「実際に運用されていることは,真の連邦制ではない」と結論付けた[14]。「現代世界において,連邦国家は柔軟性のない統治システムによって身動き取れなくされているように思われる。連邦国家は,多くの点でそれがもはや現実的概念でなくなった時に,州の主権を認めなければならなくなりつつある。連邦国家は,憲法を通して作用する代わりに憲法に対処することを強いられている[15]」,と。

こうした背景に照らして,キルブランダン委員会は,UKに対して連邦制を適用する潜在的可能性について検討を進めたが,その場合,すでに述べた批判に照らして,UKに連邦制を導入するためのいくつかのやむにやまれぬ理由が存在しなければならないと想定している。そして,実際,その議論は,委員会を連邦制導入に反対するとの結論に導くこととなり,「統治の一形体としての連邦制に対する反対意見に加えて,UKに連邦制を適用することをとくに不適当とする考慮事項が存する」と述べた[16]。

キルブランダン委員会が記録した反対意見のうち主要なものは,第一,UKは,連邦制を採用するのにふさわしくない憲法的展開の段階にあるとするものである。すなわち,「連邦制は,諸州を単一の単位にまとめるために企図され

たものであり，またそれにふさわしいものであって，一つの国家をより小さな部分に分けるために企図されたものでなく，またそれにふさわしいものでもないのである」[17]とした。第二，統治の連邦制的システムは受け入れられる可能性がないとするものである。すなわち，「本委員会は，統治の連邦制的システムは成文憲法，それを変更する特別の手続およびそれを解釈する憲法裁判所を必要とすることに注目した。これらの諸特徴はいずれも，これまでのイギリス憲法体制には存在しないものであり，それらが一般的に受け容れられるかどうかきわめて疑わしい」[18]とした。委員会は，さらに公選機関を司法部に従属させることの受け容れ可能性の問題をとくに強調した。「裁判官の仕事は，それ故，政治的になる傾向があり，その政治的見解が知られると任命の際にそれが考慮されることになる」[19]。さらに続けて，「連邦制に由来すると考えられる魅力がいずれか実行可能な他の選択肢の魅力を上回るという状況があるかもしれないが，本委員会の見解としては，そのような状況はUKには存在していない。本委員会は，多くの人びとにとって，連邦制は不慣れで人工的なものと思われるだろうと確信する。それは，過去との継続性あるいは将来にとっての十分な柔軟性を提供することにはならないし，一般的に受け容れられるようなことはありえない」[20]とした。第三，イングランドの支配的地位は，完全な連邦制に満足いくように適合することは決してありえないとするものである。すなわち，四つのナショナルなユニットから成る連邦制化は，うまく作用するにはバランスが悪すぎ，イングランドの圧倒的な政治的重要性および富によって支配されることとなろう[21]。「イングランド議会は，UK連邦議会と対抗することとなり，連邦議会自体においては，イングランドの代表は，全部合わせても人口の5分の1に満たない数を代表するに過ぎないスコットランド，ウェールズおよび北アイルランドが投票数で勝てる程度にまで規模を縮小することはありえない」[22]とした。委員会はまた，イングランドを独立した主権的権限を有する別個の州（province）に分割するという代替案，あるいはその変種としてイングランドをより小さな権限を与えられた議会を有するリージョンに分割するという代替案もイングランドの人びとには受け容れられないとして退けた[23]。委員会はまた，イングランドおよびUKにおけるロンドン・リージョンの優越性の問題にも注目した[24]。

111

将来のありうる選択肢としての連邦制に関して、キルブランダン委員会は、UKの政治的・経済的統一性が損なわれる危険性について特に関心を示した。州の主権は、政府間での敵対関係および争いを導くかもしれない。連邦システムは、UKの経済的必要性に対処するための単一システムと比べて適当なものではない[25]。そして結論部分で、委員会は、連邦制が作用している諸国においては、いずれの成功も連邦制の故にではなく連邦制にもかかわらず達成されたとみることができるとする見解を表明した。州の主権を尊重した真の連邦制は、いずれの場合にも観察されなかった[26]。UKにとって、分割されない国会の主権は維持されなければならないことは明白であった。こうして、キルブランダン委員会は、「要するに、UKは、連邦制にとってふさわしい場所ではなく、現在はふさわしい時でもない」、と結論した[27]。

3　連邦制の憲法的「魅力」

　キルブランダン委員会の分析をある程度参考にしつつ、1998年スコットランド法 (Scotland Act 1998 (c.46)) および同年のその他の権限移譲法による権限移譲の出現、スコットランド独立レファレンダムというトラウマ的な出来事およびその後という近年の歴史の観点からキルブランダン委員会の分析に修正を加えると、UKにおける連邦制の想定される「魅力」として次のようなことを挙げることができる。
　第一は、新たな憲法上の安定性の好機となりうるということである。
　UKを連邦として確立する重要な構成要素は、成文憲法の採用である。これは革命的展開であるが、UKの憲法的議論においてまったく新しいものというわけではなく、いくつかの提案が示されてきた[28]。
　領域的問題が立ちはだかるが、それは、その他の権利保障の新たな地位および憲法的秩序における制度関係の規制というような問題と合わせて成文憲法に対する要求としてまとめることができる。こうした他の問題に関して、これまではUKにおいて成文憲法は必要不可欠なものとは考えられてこなかったのであり、ここで成文憲法採用の賛否についての一般的議論を検討する必要はない。しかし、連邦制自身との関係では、成文憲法を求める主張には抗しがた

い。というのは，連邦制の本質は，領域的単位の地位・権利が保障されなければならないということだからである。それらは特別保障 (entrenched) されなければならず，領域の存在，その権限およびその財源調達を規定する準則は，連邦議会による一方的破棄に対して保護されなければならないのである。連邦議会は，それ故，UK国会が現在享受する「主権」を維持することはできないし，連邦立法権の行使は最高（憲法）裁判所による審査に服さなければならない。

第二は，権限移譲の特殊な不安定性のいくつかの解決策になりうるということである。

ある者にとって，庶民院において「西ロジアン問題」および「イングランドの法律は，イングランド人の票決で (EVEL)」[29]という要求を引き起こす権限移譲の特徴は，権限移譲が実施されている限り解決困難である。しかし，権限移譲の利点からイングランドが排除されていることが示す権限移譲の核心にある不均一性およびUK国会は「留保事項」についてはUKの国会として機能すると同時にイングランドの議会としても機能しているということは，連邦制によって解決されるであろう。連邦制モデルの下では，一方で，すべての領域に対して独立した権限の範囲を定めることが必要であり，他方で，連邦権限はUK国会が維持することになるからである。

第三は，権限移譲の現行の形体は，連邦制への起点となりうるということである。

上記の連邦制の二つの「魅力」の双方は，UKにおける憲法上の了解がキルブランダン委員会当時から変化した仕方を反映している。そして，連邦制の方向への動きが，権限移譲制度の確立によってこの間生じた問題を解決するというのではなく，権限移譲制度を利用することができるのである。ある意味で，UKを連邦制として確立するのに必要な作業の多くはすでに達成されているといえる。イングランドにおける領域的問題（それは実際，大きな問題であるが）を解決することが条件であるが，領域的境界を定義するという作業が行われている。イングランドを加えた権限移譲されたネイションが，新たな体制の基礎となりうるのは明白である。そして，その他の点に関してもまた，権限移譲が作用しているシステムは，連邦制の基本準則のほとんどを提供している。権限移譲法自体は[30]，それらが適用される領域にとってすでに「憲法」として作用して

いる。権限移譲された制度は，(憲法的に) 割り当てられ定義された権限を保有するのに慣れている。そうした権限移譲された制度および権限が地方政府レベルの「下位の」制度および権限 (それらの権限についての共有された源がUK国会に存することはなお承認されている) と区別される仕方は，全体としてのUK憲法の生きた経験の一部となっている。権限の割り当てのための図式は，とくに移譲された権限が差し引かれた後に「中央」レベルで行使されるよう付託された権限に関して，十分に理論化されていないかもしれないし，権限移譲の出現という珍しさは今後徐々に解決されるべき多くの問題を残すかもしれないが，連邦制についての新たな議論のための基礎を提供する土台作りは行われている。同様に，さらにいかに多くのことがキルブランダン委員会以降生じたかを示すとすると，まず，権限移譲 (および，潜在的に連邦) 政府の財源調達のための取決めがすでに存在しているということが挙げられる。もちろんそれらは，不均一性を除去し，より大きな財政的自立性を可能にし，および，中央からの交付金に関連して，政策決定機関あるいは諸機関のいずれかのレベルで政府からのより多くの独立性を創設するために，さらなる展開を必要としよう。しかし，連邦制的解決のための基礎は実質的に存在しているのである。

　次に，その他の局面では，裁判所は，「権限移譲問題」の決定に慣れて来ている。[31] 1999年以降，[32] 権限移譲された制度の立法上および行政上の行為に対する裁判所への異議申立てのレベルは低いものにすぎず，とくにそうした異議申立てのほとんどは，移譲された権限と中央政府に留保された権限との境界線に対するものではなく人権に基づく異議申立てであったというのがUKの権限移譲の働きに関する共通の (しばしば批判的な) コメントである。[33] しかし，にもかかわらずこの特殊な司法審査の範疇は，UK裁判所制度の運用とくにUK最高裁判所レベルでの運用において受け入れられて来ているという強い感覚が存する。[34] いくつかの一般的なアプローチの型が出現し明確な形で述べられる時があった。連邦制の作用は，こうした経験を基礎にすることになろうが，もちろん領域レベルで公布された立法と連邦立法部の行為に対する異議申立てという完全に革命的な概念が付け加えられることに向き合わなければならない。[35] 権限移譲のもう一つの特徴であり，その不十分な展開は批判されているが，連邦的組織へ向かって考慮されなければならないであろうことは，政府間レベルの諸

制度間機構とその作用である。たとえば，合同大臣委員会（Joint Ministerial Committee），「覚書（Memorandums of Understanding）」および「協定（Concordat）」のシステムは実質的に強化される必要があろう。[36]

第四は，貴族院問題に対する解決策となりうるということである。

連邦制は成文憲法を必要とするが，その連邦制がUKの憲法秩序の新たな安定性を生み出すために新たな状況を提供するという一般的「魅力」は，すでに検討した。しかし，連邦制の方向に向けられた変更の特殊な例は，ただちに上院の現在の悲惨な地位に対する長らく求められた解決となりうる。貴族院の構成員自身以外の誰も現行モデルに基づき第二院を維持することを擁護することはできない。立法の修正に重点をおいた役割を持つ第二院に対する一般的必要性が存在するという合意はおそらくあるだろう。しかし，それを超えて，貴族院のより明確な権限についても（庶民院の役割に対する一般的従属が受け入れられていることを除いて），またとくに，改革された貴族院の構成についてもいかなる合意も存在していない。なかでも，貴族院における民主的選挙による構成員が優越すべき程度はきわめて論争的な問題である。[37] 連邦制モデルへ向かう動きが提供しうることは第二院の新たな役割についての新たな考えであり，それは，連邦単位を（直接選挙あるいは間接選挙によって）代表するということである。

4　連邦制の短所

1973年キルブランダン委員会報告書から明らかなことは，当時は，UKにおいては連邦制の採用ではなく拒絶の理由の方が大きかったということである。それから約40年が経過していかなる判断がなされうるか，またいかに種々の議論が比較考察されうるかについて全体的な評価を行う前に，短所のいくつかについて検討しておく必要がある。

第一は，連邦制には一般的に否定的な含意が存するということである。

これは，出発点となる命題としては非科学的であり証拠に基づく規範的基礎を欠いていると思われるかもしれないが，連邦制がブリティシュの憲法文化において克服しなければならない一つの問題は，連邦制が引き起こす傾向のある一般的反感であるということが認められるべきである。政治的領域において

は，いかなる政党も，自由党および自由民主主義党を除いて，政治信条の一部として連邦制を採用していない[38]。その他にも，連邦制は，UKの憲法上の将来図としてのみならず，2016年6月23日EU離脱レファレンダム投票前の時期にそうだったように，EUの憲法上の将来図としても一般的に否定的な含意を有している。連邦的ヨーロッパは，それが包含する国家主権の喪失に対するあらゆる含意とともに，UKの文脈においてきわめて否定的なイメージをもっていたのである。UK自身のレベルでは，連邦制が単一の「主権」国家の伝統に対して課す脅威もまた，キルブランダン委員会報告書においてみられたように[39]，連邦制を採用困難なものとした。

　第二は，成文憲法が必要になるということである。

　UKが連邦制に移行することについての必要なまたいくつかの観点からすると望ましい側面として初期に提起されたのであるが，成文憲法を必要とするということも高過ぎる代価とみなされるかもしれない。それは，単に同じコインの別の面の価値を評価することにすぎない。成文憲法についてなされるべき一般的論議がありうるが，既存の憲法上の制度配置が領域問題によって左右されるというように本末転倒となってはならない。領域の問題だけを解決するということをはるかに超えて，あまりにも多くのことが問題となるのである。ある者にとって，新「連合法」によって将来の領域的制度配置に対処しようとすることの方に魅力を感じるというのはこの理由による。新「連合法」によって，連邦制に言及することなく領域的レベルでの議会について特別なかつ強化された規定を定立しようというのである[40]。

　第三は，連邦制は諸州を寄せ集めるにすぎないということである。

　これは，キルブランダン委員会の反対論であり，おそらくいくらか有効性を維持している。少なくともその古典的適用における展開の記録に基づく連邦制の概念というのは，以前の独立国家間の共同および合同の新たな形式を創設する手段として援用されるそれであって，以前の弱化した合同を基礎にした単一国家を支えるための工夫ではないのである。UKを連邦制にすることは，この意味においてまさにうまく行かなかった「支える」ための試みをしようとすることになる。

　第四は，司法審査が拡大され，裁判所の役割が拡大されるということである。

A.V. ダイシー (Albert Venn Dicey) は，その著『憲法』[41]の「国会主権と連邦制」の章において，連邦制についての自身の耐え難い不安を表明した。ダイシーが調査対象としたのはとくにアメリカ合衆国，カナダおよびスイスの憲法であり，その作用を調査して，連邦政府は「弱い政府」，「保守主義」を生み出す傾向があり，そしてとくに「法律尊重主義，憲法における司法部の優越性，人びとの間での法律尊重主義の精神の優越性」を生み出すと結論づけた[42]。「連邦制は，訴訟に立法の代わりをさせ，法を恐れる者のみが訴訟での判決を法の定立に匹敵するものとみなす[43]」。ダイシーにとって，この意味における「法を恐れる」ということはきわめて後ろ向きの条件であった。つまり，ダイシーにとって，連邦制というのは，裁判所が注目を集めることを要求し，その裁判所の役割を受け入れる人びとにとってのみ受容可能なものになるのである。「連邦制は，法的精神を吹き込まれ，法を尊重するよう訓練された共同体においてのみ栄えることができる」のである。「法を恐れる」という場合，「法」とは重大な政治的争点を決する際に裁判所が作る「法」のことであり，「恐れる」とはその裁判所の役割を受容することなのであり，ダイシーにとってこのような条件は存していなかったのである。

統治における司法部の影響力に対するこうした反感は，同時に他の問題にも影響を与えることとなるが，その一つにとくに裁判所によって強行可能な人権の問題がある。ダイシーの時代の一世紀後に1998年人権法 (Human Rights Act 1998 (c.42)) が制定され，また，権限移譲が実施されたということ自体がブリトゥンの憲法論議においてそうした抵抗感を和らげるということがあるかもしれないが，抵抗感は少なくとも除去されてはおらず，ダイシーの関心は対処されるべきものとして残されていることは疑いがない。

第五は，イングランド問題があるということである。

1973年キルブランダン委員会報告書において説明されたように，UK特有の状況において連邦的解決に対して長年主張されてきた障害というのは，全体的構想におけるイングランドの適応性である。現行権限移譲制度の下で全体像からイングランドをほとんどまったく排除したままにしている極端な不均一性の形体を直接妨げるようなものは何もないのである。権限移譲は，スコットランド，ウェールズおよび北アイルランドにおける諸条件への対応として工夫され

たものであるが，さまざまな理由から権限移譲政府を魅力あるものにしているように思われる。イングランドにおける条件が権限移譲類似の解決の方向性を示しているようには思われないとしても，それは権限移譲制度を総合的な型としてみた場合とくに問題はない。もし，ロンドンが，1999年大ロンドン政庁法 (Greater London Authority Act 1999 (c.29)) の下で大ロンドン参事会議 (Greater London Assembly) および市長 (Mayer) という形で実行した (他の「ナショナルな」場合と比べるとより弱い形式であるが) それ自身の権限移譲システムに魅力を感じえたとしたら，そのような適応もまた可能である。2004年北西部イングランドにおいて実施されたが失敗に終わったレファレンダムのような，リージョンのレベルでの権限移譲の方向性を有する実験的試みもまた完全に可能なものであった。もし他方で，UK政府が，中央政府から (「権限移譲取引」を通して) 委任した追加的権限という特典を与えて地方政府を改革する形体を創り出しそれを「権限移譲」と呼びたいと欲する場合には (これは，おそらく有害なことであるが)，これもまた可能である。[44] というのは，権限移譲に対する全体的アプローチは極めて柔軟なものであり，実行する政治的意思を持つUK政府はそのために権限を利用することができ，UK政府は実質的あるいは手続的障害なしにそうした改革を提供する憲法上の能力を有する国会に依拠することができるからである。

　上述の展開は，スコットランド，ウェールズおよび北アイルランドの議会に匹敵する新たなイングランド議会の創設に対するイングランドの側での明白な抵抗と並行して行われることが可能である。もし，イングランドにおいて，権限移譲されたネイション (とくにスコットランド) が明らかに手にする特権に対する憤りが強まる場合には (結局そうなったのであるが)，「EVEL」を達成するための庶民院における手続上の改革と上で触れた「地方政府への権限移譲」とが結びついた形での一見したところ十分な解決がもたらされるであろう。これらの方策は，「憲法的な改造を行うこと」かもしれないが，現在実施されている権限移譲の下で容易に達成可能な種類の「改造」である。総合的な型からのイングランドの脱落は当該システムの特徴であるが，致命的なものではない。

　しかしながら，連邦制に移行するということは全く別の諸問題を生じさせることになる。新たな体制の想定された恒久性とそれに伴う憲法上の柔軟性の欠如は，イングランド「問題」が再度定式化され再度処理されることを要求する

第5章 連合王国・スコットランドにとっての連邦制の将来

ことになろう。その際，極端な不均一性および全体像からのイングランドの単なる除外は選択肢とはならないであろう。キルブランダン委員会によって論じられたように，イングランドの包摂は，イングランド全体としてかリージョンへ分割してかはともかくとして，達成されなければならないことである。

　これら選択肢の包括的検討はここで行うことはできない。しかし，これらは疑いもなく取り組まれなければならない問題である。1973年キルブランダン委員会報告書以降もし何かが変わったとしたら，その最も重要なことはスコットランド，ウェールズおよび北アイルランドに対する強力な立法権限の移譲が動き始めたということであり，提案された連邦的解決の下でそれが縮小されるというようなことはありえない。こうして，イングランドにおいてリージョナルな解決のために満足のいくように境界線を引くという問題に加えて，強力な立法権を全般的に有する形で，連邦制の下で各リージョンが平等に扱われることに対するより強力な要求が存することになろう。しかし，イングランドにおけるリージョンの議会を横断して拡がるそうした強力な「立法上の」権限に対する主張は，人びとを大いに驚かすこととなろう。

　もし，その主張が正当なものであるとしたら，全イングランド的解決が検討されなければならないであろう。しかし，それは，その結果，UK連邦制における単一の最も論争的争点とみなされてきた問題を引き起こすことになる。というのは，四つのネイションから成る連邦において，イングランドは，人口 (84%)（ただし，土地面積ということではスコットランドがUKの32%を占める）およびGDPによって圧倒的な支配力を享受することになり，それは領域的な憲法上の平等のために企図されそれに基礎を置く憲法の下では耐え難いこととなろうからである。もちろん，成功している連邦制は人口および富のきわめて多様な配分に適応しているが（例，カリフォルニアを有する合衆国），三つしかない他の領域を人口および富の点で圧倒するイングランドを有するUK連邦制は機能しえないであろうと言われる。合衆国第二院と同様の平等な領域代表を有する第二院のような工夫は，決して保護するのに十分なほど強力なものではありえない。さもなければそのような第二院は「余りにも」強力すぎてイングランドの適切な地位を否定することになろう。[45]

　イングランドの不釣り合いな規模および影響力から生じるUK連邦制にとっ

てのこれら想定される致命的諸問題が連邦制を選択肢から実際に排除する程度は測定するのが困難である。これらの諸問題は，もちろん実際に検討されたわけではない。しかし，疑問は発せられなければならない。連邦制を運用可能とすることについての他のすべての疑念が克服可能であるとしても，成文憲法が考えられないことではなくなるとしても，新たな第二院問題を含む制度的問題が権限問題と並行して解決されうるとしても，あるいは，より強力な最高（憲法）裁判所の可能性が是認されうるとしても，憲法上の想像力は，過去において頻繁に暗示されたように，イングランド問題という障害物の前で弱まってしまうのであろうか。憲法的創意の集合的力を寄せ集めることによって王立委員会あるいは憲法議会（Constitutional Convention）の役に立つような解答を提案することはできないのだろうか。

5　結　論

　上述の憲法上の反対論が新たな活力を伴って対処されなければならない政治的理由を理解することは困難ではない。[46] 連邦制という帆船が航海を始めたということは，すでに遅きに失したが，大いにありうることである。そうした方向に導くかもしれない協議のための必要不可欠な前提条件はすべての主要政党の同意であり，また，さしあたり，将来の連邦の想定される諸領域の代表となる政府および議会の同意を含まなければならないということが前提とされなければならない。連邦制への手続的道筋が解決されなければならないであろうが，それは，おそらくUK全体およびその諸構成部分を横断して実施されるレファレンダムによる支持を伴うことになろう。しかし，第一歩が踏み出されるためには，政府の熱意と関与が示されなければならず，事態の展開次第ではスコットランド政府および議会の協力は得られないかもしれない。2014年スコットランド独立レファレンダムにおける賛否票の接近，その背後にある2015年および2016年のSNPの政治的勢いの増大，そうした勢いを増大させるBrexitの不確実性と結びついたウェストミンスターでの保守党支配の将来性などを考慮すると，SNP政府が恒久的に特別保障された新たなUKの憲法の可能性にそもそも深く関与する理由があるのだろうか。たとえスコットランド政府が戦術的ある

いは実用的理由からその気になったとしても、その政治的支持者はそもそもそのような動きを受け入れることになるのだろうか。

他方、今日のような政治的に予測不可能な時代には、他の対抗する諸傾向が出現するかもしれない。[47] もし、潮目がSNPに反対する方向に変わるように思われたとしたら、もし、スコットランド政府におけるSNPの実績がそれほど確かなものではないとみなされたとしたら、あるいは、もし、権限移譲が独立への踏み石として求められたように、連邦制という踏み石が「魅力」を獲得したとしたら（それまでの間はより大きな自立性が約束されるであろう）、その場合は、ナショナリストおよびユニオニスト双方は連邦制という最低限の共通分母で提携をすることになるかもしれない。

以上は、連邦制の可能性についての冷淡な評価であるが、にもかかわらず時代を取り巻く不安および不確実性と調和し、かすかに可能性のある進むべき道を示しているかもしれない。本章の冒頭に戻るならば、ゴードン・ブラウンは、とくにEU離脱レファレンダムの投票結果に照らして「UKにおけるスコットランド、ウェールズおよび北アイルランドの将来の役割の解決を求めてより連邦制的な道を探求するために」「人民会議」（"people's Convention"）の設立を要求して論争に加わっている。[48]

【注】

1　*The Scotsman*, 15 August 2014. スコットランド独立レファレンダムについて、C.M.G. Himsworth & C.M. O'Neill, *Scotland's Constitution: Law and Practice*, 3rd ed. (Bloomsbury, 2015), Ch.4.

2　*Daily Record*, 16 September 2014.

3　論者によっては、あえて「連合国家（union state）」という用語を用いている。Stephen Tierney, "Scotland and the Union State" in A.McHarg & T.Mullen eds., *Public Law in Scotland* (Avisamtum, 2006), p.25.

4　Royal Commission on the Constitution 1969-1973, Vol. I, Report, Cmnd 5460, 1973.

5　Cmnd 5460, n(4), para.1.

6　Cmnd 5460, n(4), para.2.

7　Cmnd 5460, n(4), p.iii.

8　北アイルランドは、1922年以来権限移譲政府を有していたが、キルブランダン委員会の作業中に崩壊の最終段階にあり、委員会は、プロヴィンスに関してはいかなる勧告も行わなかった。キルブランダン委員会の付託事項は、チャンネル諸島およびマン島にも及び、それらは報告書第11部において扱われた。

9　Cmnd 5460, n(4), para.498.
10　キルブランダン委員会報告書第13章「連邦制」において，全10頁に渡って分析されている。
11　M.J.C.バイル（M.J.C.Vile）教授。
12　Cmnd 5460, n(4), para.501.
13　Cmnd 5460, n(4), para.509.
14　Cmnd 5460, n(4), para.515. 繰り返し，経験の多様性が確認された。
15　Cmnd 5460, n(4), para.523.
16　Cmnd 5460, n(4), para.525.
17　Cmnd 5460, n(4), para.526.
18　Cmnd 5460, n(4), para.527.
19　Cmnd 5460, n(4), para.529.
20　Cmnd 5460, n(4), para.530.
21　Cmnd 5460, n(4), para.531.
22　Cmnd 5460, n(4), para.531.
23　Cmnd 5460, n(4), para.532.
24　Cmnd 5460, n(4), para.533.
25　Cmnd 5460, n(4), paras.535-7.
26　Cmnd 5460, n(4), para.538.
27　Cmnd 5460, n(4), para.539.
28　たとえば，The Institute for Public Policy Research, *The Constitution of the United Kingdom*, 1991.
29　これらにつき，Himsworth & O'Neill, n(1), para.5.9を参照。
30　それ以前から1972年に至るまでのストーモント政府（Stormont government）に関する1920年アイルランド統治法（Government of Ireland Act 1920 (C.67.)）について，B. Hadfield, *The Constitution of Northern Ireland* (SLS Legal Publications, 1989) を参照。
31　最近ではいわゆる「適合性問題（'compatibility issues'）」がある。
32　1922年から1972年までの期間に，北アイルランドにおいて判例法はほとんど生み出されなかった。
33　これにつき，Himsworth & O'Neill, n(1) 第14章を参照。
34　法廷外でのコメントについて，Lady Hale, "The Supreme Court in the United Kingdom Constitution", 5 February 2015 (https://www.supremecourt.uk/docs/speech-151008.pdf), Lord Neuberger, "The Constitutional Role of the Supreme Court in the Context of Devolution in the UK", 14 October 2016 (https://www.supremecourt.uk/docs/speech-161014.pdf) を参照。
35　ただし，EU上の義務違反およびおそらく「憲法的に基本的な（"constitutionally fundamental)」準則違反という現行の異議申立ての根拠について注意が必要である。*R (Jackson) v. Attorney General* [2006] 1 AC 262を参照。
36　Cmnd 5460, n(4), para.7.26を参照。
37　Cmnd 5460, n(4), para.5.14を参照。
38　自由民主主義党のFederalism: the best future for Scotland, 2012を参照。

39　Cmnd 5460, n(4), para.530.
40　Constitution Reform Group, Towards a New Act of Union (and appended Act of Union Bill), 2015を参照。
41　A.V.Dicey, *An Introduction to the Study of the Law of the Constitution* (Macmillan, 1885).
42　Dicey, n(41), p.160.
43　Dicey, n(41), p.164.
44　Cities and Local Government Devolution Act 2016(c.1).
45　統治構造に関する貴族院特別委員会の近年の報告書において，同委員会は，とくにイングランド問題の解決を欠くが故に，連邦制は進むべき道ではないと結論した("Federalism" at paras.268-275 in Constitution Committee of the House of Lords, The Union and Devolution (HL 149, 2015-16))。
46　S.Tierney, "Is a Federal Britain now Inevitable?", 27 November 2014 (https://ukconstituionallaw.org/)参照。
47　A.Aroney, "Devolutionary Federalism within a Westminster-drived Context" in A.McHarg, T.Mullen, A. Page & N.Walker eds., *The Scotitsh Indeopendence Referendum: Constitutional and Political Implications* (Oxford University Press, 2016), p.295を参照。
48　*The Guardian*, 8 November 2016. Lord David Owen, A Federal UK Council (November 2016)を参照。他の政治的観点から，A.Welikala, "Is There a Conservative Case for a Federal United Kingdom?" in A.Convery ed., *Light Blue: Policy Adventures for Scottish Conservatives* (2016)を参照。

第6章
スコットランドのナショナリズム

梅川　正美

1　はじめに

　本章では，スコットランドのナショナリズムについて考察する。ナショナリズムは政治システムの最下層（第三層）の一つの要素を構成するので，まず2節「スコットランドの政治システム」について説明する。しかしスコットランドのナショナリズムは独特の内容をもっているので，この点を示すために，3節「モノ・ナショナリズムと，ハイブリッド・ナショナリズム」について論じる。

　ところが，このようなナショナリズムは，宗教に関係しているので，4節「プレスビテリアニズム」を見て，つぎに5節「カトリックとプレスビテリアニズム」の関係を論じる。しかし，現代のスコットランドには，移住者も増えており，この人たちのナショナリズムも重要である。そこで6節「移住者とナショナリズム」の関係を考察する。

　そのうえで，最初の政治システムにもどる。ナショナリズムは，政治システムの第三層の一つの要素であったが，これと関係する第一層と第二層についての人びとの意識はどうだったのか，この点について考察するために7節「再び政治システムについて」論じる。

　最後に，政治家がナショナリズムを利用するときの，利用の仕方を検討するために8節「レトリックとしてのモノ・ナショナリズムとハイブリッド・ナショナリズム」について見る。これで，スコットランド独立についての賛成派と反対派の，それぞれのナショナリズムが，ある程度は，わかるのではないかと思われる。それが，本章の目的である。

2　スコットランドの政治システム

　今日，スコットランドでは，ブリトゥンから独立するのかしないのか，という混乱の嵐が吹き荒れている。[1] しかし，国の一部の地域が独立することは，国を分割することであり，既存の政体（国家）を根本的に破壊することである。これは，政治学の一般理論においては，政治変動の中で最も大きなものの一つだろう。

　たしかに国を分割したほうが良いと思える場合もあるだろう。たとえば，ある国の中で，対立する諸集団の武力紛争が，極限まで達しているとき，その紛争を続けるよりも，それぞれの集団が自分の国を持つ方がよいと判断できることもあるかもしれない。

　しかし，スコットランドとイングランドの間で，このような暴力を伴う紛争があるわけではない。イングランド軍がスコットランドを爆撃しているわけでもないし，スコットランドで，武装反乱が起きているわけでもない。スコットランドの人たちが，1960年代までの北アイルランドのように，普通選挙権すら事実上認められないような抑圧を受けているわけでもない。

　T. ギャラハー（Tom Gallagher）は，これに類似したことを指摘して，独立論に懐疑的な態度をとる。彼は「フランス革命とか，チャーチズムとか，戦間期の労働者の戦闘的な運動とか，1956年の反スエズ運動とか，人頭税の時の運動」などのような過激な政治活動がないことを挙げて，独立論者の覚悟を問題にする。独立論は「極めてあいまいな政治的なリニューアルや変化を要求している」にすぎないと述べる。[2]

　しかし，表面的な動乱がなくとも，単に「あいまい」な「リニューアル」にすぎないと見えることでも，国を割る独立を引き起こすかもしれない。これを，アプリオリに肯定する根拠もなければ，否定する根拠もない。

　スコットランドでは，単なるリニューアルが，いつのまにか，ズルズルベッタリの独立になるかもしれない。これが，実際にできるかどうか，それは，経験的にしかわからないので，今後の政治の動向にかかっている。

　今後のことがわからないとしても，ズルズルベッタリの独立が，スコットラ

ンドで起きる可能性があることの理由は必要だろう。その理由は、スコットランドがすでに、ある程度、独立に近い地位をもっているところにある。[3]

　もちろんブリトゥンの政体が分裂するかどうかは、簡単には判断できない。スコットランドに独自の政治システムがあるとしても、これは、ブリトゥンの政治システムと結合しなければ、きわめて動きにくいという傾向が、根強くあるからである。

　しかし、すでにスコットランドに存在する独自の政治システムを、ある程度以上強くすれば、独立と同じ結果を得ることができる。その程度に応じて、自治になったり、連邦制になったり、完全な独立政体（独立国家）になったりするだろう。

　スコットランド政治システムについて述べると、立法問題については、従来はウェストミンスター国会の中でスコットランド選出議員を中心とする大委員会があり、この大委員会の決定を国会の決定にすることができた。1999年以降は、この権限は事実上スコットランド議会に移管しており、大委員会は休止状態にある。

　行政については、以前よりスコティシュ・オッフィスがあったし、スコットランドで使っている法体系はイングランド法ではなく、大陸由来のスコットランド法である。そうなると当然、裁判所も、一部の例外を除いて、スコットランド独自のものを維持しなければならない。さらに教育も法定教会も、スコットランド独自のものが維持されている。

　これを要約すれば、スコットランドには、D.イーストン（David Easton）の言うところの、価値の権威的配分を行う政治システムがあるということになる。今日では、C.G.A.ブライアント（Christopher G.A. Bryant）も『ブリトゥンの諸国民（*The Nations of Britain*）』（2006年）において、P.ケアニー（Paul Cairney）とN.マックガヴィ（Neil McGavey）も、彼らの『スコットランドの政治（*Scottsh Politics*）』（2013年）で、同様に、スコットランドに独自の政治システムが存続してきたという理解を示している。[4]

　1999年に決められた権限移譲も、ブリトゥンのウェストミンスター国会がそれを決めれば、実際上は簡単なことであった。スコットランド法は変わらないし、スコットランド議会を新設し、国会の一部の権限を移譲すればよかった。

スコットランド省は，スコットランド議会で選出する政府に変換すれば良いだけであった。

　もちろんスコットランドに独自の政治システムがあるといっても，それは，軍事や外交および全国的マクロ経済政策などを行う力があるわけではない。その意味で，不十分なものである。そこで，ウェストミンスターに残る権限をスコットランドに移譲するための一本の法律を，ウェストミンスター国会で制定すれば，それでスコットランドは，いとも簡単に，法的には，独立することになる。この立法に対しては，もしレファレンダムを行えば，これが，実際には，大きな影響を与える。

　政治システムといっても，いくつもの論理的レベルがあり，本章では，主に，その一部のみを扱う。ケアニーらは，実際に機能している政治システムを三つの層に分けて考えている。第一の，一番上の層は，誰が，何を，いつ，どのようにして得るかという意味での，利益配分である。政治は，この層で，政治権力と経済資源の配分を行っている。

　しかし，その下には第二の層があり，そこでルールや，手続きや，諸権利を決める。これが，政治体制の憲法的構造や制度的なフレームを決定する。その下にあるのが第三の層である。これは，政体自体が誰のものかという点を決定する。これが最も基本的な層であり，ここに，アイデンティティの問題や，シティズンシップの問題や，領土の問題や，非常に社会的あるいは文化的であるところの，ネイションの問題がある。

　多くの人びとは，第一層の政治とかかわるが，ときとして，第二層の法規範の維持や変化とかかわる。しかし，まれには，通常は常識として処理されるところの，第三層の最も基本的なレベルに関係し，自分たちは何者なのかという問題を扱う。このようなケアニーらの整理は，本章のスコットランド・ナショナリズムに関する議論に，直接関係してくるものである[5]。

　本章は，最も基本的な層である第三層を，主に問題にする。その理由は，この層に，ナショナリズムが最も強く関係するからである。本章の課題は，スコットランドの人たちが，自分たちは何者と思っているか，すなわち，彼らのナショナリティあるいはナショナリズムについて述べることである。この最も基本的な層における人びとの意識は，システムの上の層の変化と共鳴しなが

ら，システムの現状維持あるいは変更をもたらすかもしれない。その意味で，重要な意味を持つ。

3 モノ・ナショナリズムと，ハイブリッド・ナショナリズム

まず，ここで用いる最も重要な諸用語の定義を行うことにする。モノ・ナショナリズムという用語は，何か一つのナショナリティを自己のアイデンティティと考えるナショナリズムであり，ここでの造語である。たとえば自分を，スコティシュという単一の性格で特徴づけようとする人は，モノ・ナショナリズムをもっている。

これに対して，ハイブリッド・ナショナリズムは，いくつかのナショナリティの合成が自分のアイデンティティであると理解するナショナリズムである。この用語も，筆者の造語である。しかし，すでに，A.D.スミス (Anthony D. Smith) が，2014年の彼の著書『ナショナリズム (Nationalism)』の中で，ハイブリッド・アイデンティティという言葉を使用している。ここでは，これを援用して，ハイブリッド・ナショナリズムあるいはハイブリッド・ナショナリティという用語を使うことにした[6]。

スミスの議論も，最近のローカル・アイデンティティの発生について述べるところまでは到達しているが，ローカルな人びとの意識のなかに，モノ・ナショナリズムと，ハイブリッド・ナショナリズムの対立と苦悩を，あるいはハイブリッド・ナショナリズムのなかでの，各要素ナショナリティ間の葛藤についてまで言及しているわけではない。

ここでふたつのナショナリズムの用語を持ち出したのは，これが，スコティシュ・ナショナリズムを論じるために必要だからである。スコティシュ・ナショナリズムは，モノ・ナショナリズムと，ハイブリッド・ナショナリズムという，二つの性格を持つ。両者の，複雑な関係を発見しないと，その実態をつかむことができない。両者の矛盾に引き裂かれようとするところに，スコティシュの苦しみがある。

まず，最もシンプルな世論調査を見てみる。これは，スットランドの人びとに，スコティシュか，ブリティシュか，ウェリッシュか，などのうち，どれか

表1　モノ・ナショナリティとハイブリッド・ナショナリティ (1992-2014年)　　(%)

			1992	1997	1999	2000	2001	2003	2005	2006	2007	2009	2010	2011	2012	2013	2014
A	ブリティシュではなくスコティシュ		19	23	32	37	36	31	32	33	27	27	28	29	23	25	23
B	1	ブリティシュよりもスコティシュの方が強い	40	38	35	31	30	34	32	32	30	31	30	33	30	29	26
	2	ブリティシュと同程度にスコティシュ	33	27	22	21	24	22	22	21	28	26	26	23	30	30	32
	3	スコティシュよりもブリティシュの方が強い	3	4	3	3	3	4	4	4	5	4	4	5	5	4	5
	計		76	69	60	55	57	60	58	57	63	61	60	61	65	62	63
C	スコティシュではなくブリティシュ		3	4	4	4	3	4	5	5	6	4	4	5	6	6	6
	計		98	96	96	96	96	95	95	95	96	92	92	95	94	93	92

(資料)　Social Research that works for society, *Has the Referendum Campaign Made a Defference?* (AQMeN, 2014), p.8.

一つに限って選択してもらうものである。

とりあえず，一つを選択させる質問での調査結果を見ると，スコットランドでは，スコティシュが圧倒的に多くなる。この方法での調査は，多くあるが，いずれも類似した結果を示す。とりあえずケアニーの研究結果を使うと，2007年では，スコティシュを選択する人が72％で，ブリティシュを選択する人が19％である。

しかし，この調査は，どれかを選択しろ，と強制されたときの結果であって，スコティシュと回答した人が，もし「私は，ある程度はブリティシュなのだが」と思っていたとき，その状況を反映しない。だから，これでは，モノ・ナショナリズムと，ハイブリッド・ナショナリズムの区別がわからない。[7]

そこで，表1を参照してほしい。これは，社会調査グループが行った調査結果を基にして作成したものである。これを見ると，スコットランドの人たちのナショナリズムに，モノ・ナショナリズムとハイブリッド・ナショナリズムがあることがわかる。

前に述べた調査では，スコティシュと思う人は，2007年では，一つを選ぶ回答の場合は72％に達していた。しかし，表1によると，そのAの段で示されている「ブリティシュではなくスコティシュ」であるという意識，すなわちスコティシュのモノ・ナショナリティをもつ人は2007年の数値は27％である。

つまり，自己の内部にひそむブリティシュの性格を排除してまでスコティシュと自覚するモノ・ナショナリストは，あまり多くない。しかも，1992年か

表2　ナショナル・アイデンティティと独立支持意識（2011年）　　　（%）

	① ブリティシュではなくスコティシュ	② ブリティシュよりもむしろスコティシュ	③ ブリティシュと同じくらいスコティシュ	④ スコティシュよりもむしろブリティシュ	⑤ スコティシュではなくブリティシュ
	S	S>B	S=B	S<B	B
独立を支持する	53	32	12	11	10

（資料）　John Curtice and Rachel Ormston, *How will Scotland answer the referendum question?* (ScotCen Social Research, 2012), p.4.

ら2014年の間に，やや変動しながらも，その数値は，かならずしも増加していない。たしかにスコットランド議会開設でナショナリズムが高揚していた2000年には37％まで増えるが，これがピークである。その後減少し，2007年には27％になる。そののちは，やや増加することもあるが，2014年には23％まで下がっている。

　自己の内部に，スコティシュとブリティシュが，なんらかの比率で融合していると自覚するハイブリッド・ナショナリティがあると思う人を，**表1**のB段にまとめた。B段は，ハイブリッドという点で同じでも，スコティシュのウエイトが強いのがB1であり，2014年で26％になる。両者を同程度だと思う人が，2014年で32％である。ブリティシュのウエイトが強い人が5％である。

　B段の合計を計算してみると，1992年は76％で非常に高い。2000年以降は，やや減少するが，最低値55％と最高値65％の間を変動する。概して，あまり変わらない。だから，スコティシュの意識がブリティシュと深く結合していることは，否定できないし，この融合が減少しているとも言いにくい。「スコティシュではなくブリティシュ」と思うブリティシュのモノ・ナショナリティを持つ人は少なく，2014年で6％である[8]。

　このようなナショナリティの自覚が，独立にどのように関係するか，この点は簡単にはわからないが，すくなくとも2011年のJ．カーティス（John Curtice）らの調査では**表2**のような結果になっている。

　この表の中で，モノ・ナショナリティの意識を持つ人は，一番左の列①の「ブリティシュではなくスコティシュ」と思う人と，一番右の列⑤の「スコティシュではなくブリティシュ」と感じる人である。スコティシュのモノ・ナショナリティをもつひとの53％が独立を支持しているから，もし，スコットランド

の人が全員，モノ・ナショナリストであれば，さらに，もしこの数字が何らかの独立投票にそのまま出るなら，独立についての支持は半分をこえることになる。逆に，ブリティシュのモノ・ナショナリティをもつ人である列⑤では，独立を支持するひとは10%になり，90%が独立反対ということになる。

このモノ・ナショナリズムの人たちが，世論を支配することも，想定することはできるだろうが，その場合でも，最も多数を構成するハイブリッド・ナショナリティをもつひとの動向が決定的になる。この人たちは，**表1**にあったように，同じ2011年には61%に達する。ハイブリッド・ナショナリティを持つ人は，**表2**では，列②・③・④である。

この**表2**では，ハイブリッド・ナショナリティを持つ人のなかでも，スコティシュの比重が重い人の場合が，独立支持が強くなることが，はっきり出ている。このように見てくると，ハイブリッド・ナショナリティのありかたが，独立支持に関係がある可能性は，否定できないだろう[9]。

4　プレスビテリアニズム

K.B.E.ロックスボロ (Kenneth B.E. Roxburgh) によれば，スコットランドのナショナル・アイデンティティの発展にとって，宗教が，個人のレベルにおいても，ナショナルなレベルでも重要な役割を果たしたのだが，特にプレスビテリアニズムが大きな影響を持った[10]。T.M.ディヴァイン (T.M. Devine) も，プレスビテリアニズムは，もっとも中心的な，スコティシュのアイデンティティであると述べている[11]。

プレスビテリアニズムすなわちスコットランド教会こそ，ハイブリッド・ナショナリズムの中軸となっている。たとえば，現在のスコットランド教会の教会総会には，ブリトゥンの君主が招待されるし，その祈祷書では，ブリトゥンの君主のための祈りもある。

スコットランド教会の祈祷書における朝の祈祷・第一では，主の「しもべであるエリザベス，私たちの女王」への神の寵愛を祈っているし，女王の臣下たちが，その使命を果たすよう祈っている。エリザベス女王は，スコットランドのみのというより，ブリトゥンの女王である。朝の祈祷の第二では，神が「女

王とその家族を祝福し給う」ように祈っている。晩の祈祷の第二でも，同様の祈りがある。[12]

　イングランド教会の祈祷書でも，当然のことだが，朝と晩の祈りにおいて，女王が主の寵愛を賜るための祈りがある。[13]しかしイングランド教会では，現代では新しい祈祷書も作られている。古い祈祷書と新しい祈祷書のどちらを使うかは，聖職者に任されているのだが，新しい祈祷書では，もはや，朝と晩の祈りにおける君主への祈りは，削除されてしまっている。しかし，スコットランド教会の祈祷書には，スコットランドではなくブリトゥンの君主への祈りが残っているのだから，ここには，明らかな，ハイブリッド・ナショナリズムがあると言うことができるだろう。[14]

　スコットランド教会のプレスビテリアニズムを作り出したのは，この地の宗教改革であった。G.ドナルドスン（Gordon Donaldson）によれば，宗教改革で特に重要な役割を果たしたJ.ノックス（John Knox）も，1559年に，スコットランドとイングランドの永続的な友好関係と連携こそが，キリストの教えに沿うことだと述べている。

　この段階では，両国に共通したプロテスタンティズムこそが，両国がカトリックに対抗するために，明らかな優先事項であり，そのために両国の教会の友好が必要であった。1571年に，スコットランドの君主の関係者が，イングランドのエリザベス女王に，両国において，法によって樹立された，教会の真の保護と護持を嘆願している。同様の嘆願は1585年にも行われている。スコットランド教会はイングランドを頼りにして樹立された。[15]

　このイングランドの影響は，ノックスをはじめプレスビテリアンの聖職者が，言語においても，英語を使うようになったことでも示される。教育についても，ノックスなどは，イングリッシュの教育が優位していると考え，彼は自分の2人の息子にイングランド式の教育をして，ケンブリッジ大学に行かせている。[16]

　聖書についても，スコットランドは，最初は，書かれた聖書を持っていなかった。伝承としてのキリスト教は，宗教改革の前まで残るが，1527年にW.ティンダル（William Tyndale）の英語訳聖書がスコットランドに持ち込まれ，これが版を変えて継承され，1579年にスコットランドで初めて聖書が印刷され

る。[17]

　プレスビテリアンの宗教改革者の最初の祈祷書も，イングランドの当時の『祈祷書 (The Book of Common Prayer)』である。これは，T.マコーシラン (Thomas Maclauchlan) によれば，その保守的な性格を薄めて，プレスビテリアンの The Book of Common Order になっている。[18]

　ドナルドスンは，プレスビテリアンと政体の関係においては，教会と政体を分けることは不可能だったと述べている。プレスビテリアンは宗教的な自立を言いながらも，議会の，宗教に関する立法権は否定しなかった。プレスビテリアンの制度は，エディンバラ議会によって，1592年，1639年，1690年に決められている。[19]

　ディヴァインによれば，1707年に，スコットランド議会は，プロテスタント宗教とプレスビテリアン教会のための法 (The Protestant Religion and Presbyterian Church Act 1707) を制定した。これによって，キルク（スコットランド教会の教区組織）の歴史的な諸権利と，教会統治のプレスビテリアン的な制度は，当時同君政体であったイングランドとの関係における基本的な条件として保障された。この条件は，のちに，連合条約の内容に含まれる。

　優れた歴史家であり，エディンバラ大学の学長であり，スコットランド教会の教会総会の司会者であったW.ロバートスン (William Robertson 1721-1793) も，1707年の連合は，イングリッシュとスコティシュの人民を，事実上，一つにするものだったと考えていたとされている。[20]

　1707年の連合条約については，スコットランドでは，スコットランド議会が廃止されることに，さらにユニオンというアイデアにも，それなりの反対があった。しかし，条約が多数の支持で議会を通過したのは，スコットランド教会からの反対が弱まったからである。それは，スコットランド教会の基礎組織であるキルクの権利と特権が維持されることになったからであるとされる。[21]

　19世紀初めのスコットランドの有力な論者たちには，W.スコット (Walter Scott)，J.シンクレア (John Sinclair)，L.コックバーン (Lord Cockburn) などが含まれていた。[22] いずれも，多かれ少なかれ，スコットランドがイングランド化することへの懸念をもちながらも，より進んでいると思われていたイングランドとの連合には賛成していたという。[23]

第6章　スコットランドのナショナリズム

　スコットランドの貴族たちと富裕な家族は，彼らの子息をイングランドに送って教育させ，子息のキャリア・アップをはかった。スコットランドから選出された，ウェストミンスター国会議員は，多くはイートン校などのパブリックスクールを出てオクスブリッジを卒業していた。

　貴族の子息たちは，帝国で活躍し，カナダやオーストラリアなどに行った。リタイア後も，スコットランドに帰国するより，ロンドンやイングランド南部にとどまった。帝国では，どの部門の雇用においても，商業でも，行政機関でも，スコットランドの人口比率以上の比率で，スコティシュのエリートが雇用されている。

　スコットランド教会は19世紀には，一時的に，弱体化し，ふたつの宗教的な傾向に分かれ，自由教会（Free Church）が誕生する。この自由教会の伝統は，勤勉，独立，などの倫理を説き，これは，中産階級と，尊敬されるべき労働者の文化指標になる。明治時代に日本でも注目されたS.スマイルズ（Samuel Smiles）の『自助論（Self Help）』も，これを基礎としている。自由教会をはじめとするいくつかの分派は，1929年にスコットランド教会に戻る。[24]

　1920年代まで，スコットランド教会と政体の関係は，1690年のスコットランド議会制定法・信仰確証告白法（Confession of Faith Ratification Act 1690）を基礎としており，これは1707年の連合法（Union with England Act 1707）で，継承される。これで，キルクと，プレスビテリ（複数キルクの統合組織）と，地域会議と，教会総会（最高議決機関）が政体（国家）によって保護されている。だから政体の議会も，スコットランド教会について世俗的な法律で決め続けてきた。

　しかし，1921年とその翌年，教会が，その教義や，礼拝様式や，統治などについて決める際に，いかなる世俗的権威にも従わない教会の権利を宣言した。しかし，教会の擁護者としての君主の地位を否定しなかった。君主は政体を象徴する存在であり，その意味で，スコットランド教会は，今も，ブリトゥンの君主を頂点とするブリトゥンの政体と，切断されることはない。

　スコットランド教会は，政体からの財政的な援助を受けており，大学での，聖職者の教育費の点でも，援助を受けている。教会は独立を宣言しながら，政府からの財政援助を否定せず，政体と，それを通じて国民と結合している。これが，プレスビテリアンのハイブリッド・ナショナリズムの制度的実態である。[25]

2011年では，コットランド人口の32.4％，人数にして172万人がスコットランド教会の信徒であり，宗教団体としては，スコットランドでは，依然として，最大の団体である。もし，日本の人口を1億2000万人とすると，信者は，日本に換算すれば約3900万人という膨大な人数になる。[26]

5　カトリックとプレスビテリアニズム

プレスビテリアンを含むプロテスタントは，19世紀の末期から，アイルランドの自治 (home rule) が問題になるとき，自治に強く反対してきた。S.ブルース (Steve Bruce) によれば，プロテスタントは1796年にオレンジ団を創設して，反カトリックの運動をする。オレンジ団の名称は，名誉革命後の1690年に，カトリックのジェイムズⅡ世に勝利したウイリャム王がオレンジ家であったことから取られている。スコットランドでも，アイルランドの自治反対運動が行われ，1912年には，グラスゴーで8000人の集会が行われている。[27]

北アイルランドの問題は，スコットランドの問題でもあった。19世紀中葉からの産業革命当時より，スコットランドにアイルランドからの移住者が増えて，1851年には20万7367人になったとされる。[28] 最初の産業革命は，アイルランドからの移住もあって，グラスゴーやペイズリーおよびダンデーなどの都市の人口を4倍にしたと言われる。[29]

この頃すでにアイリッシュに対する反発があり，スコティシュ改革協会 (Scottish Reformation Society) とか，スコティシュ・プロテスタント協会 (Scottish Protestant Association) などが作られ，プレスビテリアンを守る運動がされる。ディヴァインによれば，彼らは，自分たちをプロテスタント・スコティシュ・ネイションと考え，アイリッシュを「劣った人種」であると呼んでいたという。[30]

1920年代になってもなお，プレスビテリアンの中には，アイリッシュに対する反発があった。特に，失業が増加した1922年には，キルクの反アイリッシュ運動がおきている。1922年の教会総会で，宗教指導者であったD.キャメロン (Duncan Cameron) が，アイルランド由来のカトリックは，スコティシュにとって，受け入れられないものであると述べており，これをS.ブルース (Steve Bruce) が記録している。

第6章　スコットランドのナショナリズム

　D.キャメロンによれば，アイリッシュは，スコティシュに対して単に宗教的に異質であるばかりでなく，人種においても異質である。スコティシュの労働者から職を奪い，スコットランドの福祉の資源を収奪している。彼らは，次第に，スコットランドに宗派的な戦争を持ち込むものであった。ブルースは，1925年には，カトリックの学校の公認についての反対運動も起きていると述べている[31]。さらに1930年の教会総会は，スコティシュの労働者に愛国心を喚起することを決め，アイリッシュの労働者に対しては，経済的障壁を作るように要請している[32]。

　J.コーマック（John Cormack）は，スコットランド教会信徒ではなく，バプテストであったが，1934年には，プロテスタント行動委員会（Protestant Action Society）をつくって反カトリックの運動をしている。1935年には，カトリック青年協会（Catholic Young Men's Society）の集会に反対し，1万人のデモを組織して，暴行を含む運動をしたとされている。このような戦闘的なプロテスタントの運動は，反アイリッシュで反カトリックの心情が，スコットランドでもあったことを示している[33]。

　しかし，オレンジ団は，1970年代までには，衰退する。それは，1970年代の北アイルランドの紛争が内戦同様のところまで悪化して，スコットランドの人たちが，これを忌避したからだといわれている[34]。

　1982年に，ローマ教皇パウロⅡ世が，歴史上はじめてエディンバラのスコットランド教会を訪問したが，スコットランド教会の指導者たちは，J.ノックス（John Knox）の銅像の前で，パウロⅡ世を歓迎した。このとき，二つの抗議活動が行われたという。一つは，I.ペイズリー（Ian Paisley）のものである。ペイズリーは，北アイルランドで，自由プレスビテリアン教会を創設した人物であり，アルスター・デモクラティック・ユニオニスト党の党首である。北アイルランドにおいて，アイリッシュと，武力闘争をくりひろげてきた指導者である。

　もう一つの抗議は，スコットランドのペイズリーと呼ばれているところのJ.グラス（Jack Glass）の運動である。グラスは，それまで，しばしば，街頭でカトリック排撃のデモなどを行ってきたが，もはや，彼らは完全に孤立化していたという[35]。

　T.グレンディング（Tony Glendinning）らの調査によれば，1990年代のウェス

トミンスター国会では，スコットランド選出の労働党の議員22人のうち16人が，すでにカトリックであった。実に73％である。さらに1999年の最初のスコットランド議会選挙でも，保守党の候補者の13％がカトリックであり，これは保守党に投票したひとのうちのカトリックの比率である3％を大きく上回る。さらに労働党においては，候補者のうち20％がカトリックである。SNPについては，カトリックは，候補者で12％，投票者で17％になる[36]。

1920年代から30年代にかけて，カトリックはスコティシュの労働市場を奪うことが，スコティシュからの抗議のひとつの内容だった。しかし，現代では，カトリックは，もはや労働者階級を中心とするわけではない。カトリックの階級構成は，スコットランド教会信徒のそれにくらべても，中産階級から，労働者階級に拡散しており，プロテスタントと，おおきな違いはなくなっている[37]。

きわめて興味深いことであるが，グレンディングらの整理によれば，カトリックとスコットランド教会信徒と比べたとき，ブリティシュではなくスコティシュと回答するモノ・ナショナリティを持つ人は，1999年で，スコットランド教会信徒の31％に比べて，カトリックが34％になっており，カトリックの方が多いのである。この数値は，2001年には35％と40％になり，両者ともに増加しているとはいえ，やはりカトリックの方が多い。

さらにハイブリッド・ナショナリティの中でも，ブリティシュよりむしろスコティシュと思う人は，1999年では，カトリックが41％で，スコットランド教会信徒が40％となり，カトリックが多い。2001年には，カトリックが34％に減少するが，スコットランド教会信徒も31％にまで減少するが，やはりカトリックが多い。

スコティシュと同じくらいブリティシュと思う人は，1999年において，カトリックが17％で，スコットランド教会信徒が24％であり，スコットランド教会信徒が多い。2001年には，それぞれ19％と27％になり，両方ともに増加するが，やはり，スコットランド教会信徒が多い。

このような数値のなかで読み取れることは，カトリックのブリティシュへの反発は，依然として残っているが，アイリッシュと思うのではなくスコティシュと思う傾向が強くなったということであろう[38]。カトリックのスコティシュ化が起きている。

第6章 スコットランドのナショナリズム

表3　カトリックのスコティシュ化 (1992-2001年)　　　(%)

		1992			1999			2001		
		カトリック	キルク	無宗教	カトリック	キルク	無宗教	カトリック	キルク	無宗教
A	ブリティシュではなくスコティシュ	26	17	23	34	31	37	40	35	38
B	1 ブリティシュよりもスコティシュの方が強い	37	41	45	41	40	31	34	31	30
	2 ブリティシュと同程度にスコティシュ	30	37	28	17	24	19	19	27	20
	3 スコティシュよりもブリティシュの方が強い	1	2	2	1	2	4	1	3	3
	計	68	80	75	59	66	54	54	61	53
C	スコティシュではなくブリティシュ	1	2	15	2	1	5	1	2	4
D	他	5	1	0	5	1	4	4	1	6

(資料)　Steve Bruce, *Scottish Gods: Religion in Modern Scotland 1900-2012* (Edinburgh University Press, 2014), p.63.

　同様のことはブルースの研究でも確かめることができる。**表3**は，カトリックとスコットランド教会信徒と，無宗教の人のナショナリティ意識が，1992年から2001年までの9年間に，どのように変化したのかを示している。キルクとは，スコットランド教会の教区のことであり，スコットランド教会信徒を示す。ここで，1992年においてすでに，A段の「ブリティシュではなくスコティシュ」という，モノ・ナショナリティを自覚する人が，キルクが17%であるのに対して，カトリックが26%に達して，カトリックの方が優越している。

　しかもこのカトリックのA段のモノ・ナショナリティ意識は，9年後の2001年には，40%にまで達している。ポーランドが2004年にEUに加盟したので，それ以降ポーランドからのカトリック移住者が急増するが，この**表3**における2001年以前のカトリックの多くはアイルランド由来である。彼らのモノ・ナショナリティ意識は，アイリッシュのイギリスへの反発が，スコットランドへの反発ではなく，ブリトゥンへの反発になっていることも考えられる。

　しかし，ブルースは別の原因も指摘している。カトリックは，前にも述べたように，スコットランド多数派のスコットランド教会と紛争を重ねてきたが，カトリックの中には，カトリックすなわちアイリッシュの子孫であることを隠そうとする人が多かったという。そこでカトリックのスコティシュ化の要因の一つは，スコットランドの寛容というより，むしろ同化圧力である可能性もある。

モノ・ナショナリティ意識は，キルクよりもカトリックにおいて，一貫して強い。ただ，キルクのモノ・ナショナリティ意識も増加しており，カトリックとの格差は少なくなっている。しかし，キルクの場合，ハイブリッド・ナショナリティ意識の小計の数値は，他よりも強い。1992年では，カトリックが68％であるのに対して，キルクは80％に達している。キルクのハイブリッド・ナショナリティの数値は，2001年には，減少して61％になるが，カトリックの54％よりも強い。しかし，たしかにカトリックのモノ・ナショナリティの意識はキルクよりも強い。このことは，スコットランドの独立を目的とする政治家にとって，カトリックが，基盤になるということである。[39]

　G.ウォーカー（Graham Walker）によれば，実際に，独立についてのレファレンダムで，独立に賛成した人は，カトリック教徒の中で，57％を占めている。独立賛成者は，各宗派の中で，カトリックが最も多かった。プロテスタントの中での賛成票は41％にすぎない。スコットランドのカトリックのコミュニティーは，労働党に幻滅し，SNPの運動に魅力を感じていた。しかしカトリック教会側からの政治的な介入もあったという。[40]

　カトリックの独立賛成の意識の中には，前述のように，ブリトゥンへの，北アイルランド由来の反感も含まれていたと思われる。すると，カトリックが基盤の一つとなる独立運動というのは，簡単にスコットランドの為と言えるかどうか，ここには複雑な問題がはらまれる。しかも，この点を，歴史的にはカトリックに反感をもっていたプレスビテリアンが思い出すなら，独立運動の中には歴史的な亀裂が復活することになる。

　アイリッシュとスコティシュの対立は，少なくなってきているとはいえ，現代でも，サッカー試合での乱闘などで，突然表面化することがある。特にグラスゴーにはアイリッシュ系のサッカーチームであるセルティック（Celtic）と，スコティシュ系のレンジャーズ（Rangers）の，ふたつの伝統的なチームがある。グレンディングらによれば，セルティックのサポーターの74％がカトリックであると回答している。[41]

　しかし，カトリックの中でも，スコティシュと同じようなハイブリッド・ナショナリティをもつ人も増えている。表3で，カトリックの内部を見ると，1992年では，スコティシュ・モノ・ナショナリティが26％であるのに対して，

第6章　スコットランドのナショナリズム

表4　宗教と政党（スコットランド議会最初の選挙：1999年）　　　（%）

		カトリック	プロテスタント	無宗教	他宗教
保守党	候補者	13	71	17	0
	投票者	3	90	7	0
労働党	候補者	20	22	57	0
	投票者	30	61	8	1
自民党	候補者	3	67	27	3
	投票者	10	77	13	0
SNP	候補者	12	33	53	2
	投票者	17	69	14	0

（資料）　Tony Glendinning, Steve Bruce, Ian Paterson and Michael Rosie, *Sectarianism in Scotland* (Edinburgh University Press, 2004), p.70.

ハイブリッド・ナショナリティ意識が小計で68％になり，この点では，カトリックにおいてもブリトゥンと親近感をもつ人が多いということになる。

2001年では，カトリックの，スコティシュ・モノ・ナショナリティ意識が40％に増えるとはいえ，ハイブリッド・ナショナリティ意識の小計が54％で，やはり，この方が多い。したがって，キルクだけでなく，カトリックにおいても，ハイブリッド・ナショナリティ意識が，主要な意識になってきている。この意味でも，スコットランドのアイデンティティにとって，ハイブリッド・ナショナリティが，最も重要な意味をもつことが示される。[42]

カトリックはスコティシュ化を進めており，スコットランドの政治の中で，その地位を獲得してきている。表4にあるように，1999年の最初のスコットランド議会選挙でも，保守党の候補者の13％がカトリックであり，これは保守党に投票したひとのうちのカトリックの比率である3％を大きく上回る。

さらに労働党においては，候補者のうち20％がカトリックであり，労働党を支持したひとの30％がカトリックとなっており，これは，やや過少代表である。SNPについては，カトリックは，候補者で12％，投票者で17％になる。だから労働党とSNPはカトリックの支持を伸ばす可能性があるわけであるが，実際には，労働党がイラク戦争で失敗して，カトリックの余剰票の多くがSNPに流れる。

表4では，保守党候補者の71％という圧倒的多数がスコットランド教会を中心とするプロテスタントであり，保守党に投票した人のほとんどにあたる90％がプロテスタントという結果になっている。プロテスタントは，明確な保守党

支持者であった。労働党の場合には，プロテスタントは，候補者の22％，投票者の61％となり，労働党支持は弱かった。これに対して，SNPの場合には，プロテスタントの候補者が33％で，投票者が69％である。したがって，SNPは，保守化を進めれば，支持を拡大できる状況であった。その後の歴史では，SNPは，労働党支持者と保守党支持者の両方に食い込むことになる。[43]

6　移住者とナショナリズム

　次に，移住者について見てみよう。2013年にスコットランド政府が行った統計では，2001年とその10年後の2011年を比較すると，2011年までにカトリックや仏教やヒンズー教の信徒が増加している。これは，移住者の増加と関係している。[44]

　カトリック教徒には，もともとは北アイルランドからの移住者が多いのだが，このような人たちの移住は，主には19世紀から20世紀初頭である。この表にあるような2001年以降のカトリックの増加は，スティーヴ・ブルースによれば，むしろポーランドからの移住による。仏教やヒンズー教徒などの増加の原因はアジアからの移住の増加に要因があるとされる。[45]

　イギリス政府は，EU離脱前のEUとの交渉においても，移住者の受け入れには非常に消極的であり，移住者の入国を制限したいと述べていた。ところが，スコットランド政府は，移住者について，むしろ積極的な受け入れ政策を採用している。スコットランド政府は，スコットランドの人口増加は，EU諸国に劣っているので，それを，2007年から2017年の間に，EU諸国の平均増加率まで，引き上げたいと述べ，その機動力は移住者であるとしている。[46]

　実際に，スコットランドでの移住者は増加している。表5に示されるように，単純な人口では，2011年国勢調査の時点で，イギリスにおけるスコットランド以外の地域で誕生した人，つまりイングランドや北アイルランドおよびウェールズから移住してきた人が，51万4235人である。

　イギリス以外から移住してきた人が36万9284人であり，合計88万3519人である。同様の合計を，つまり移住者の総合計を2001年で打ち出すと65万1611人となり，2011年には，移住者が23万1908人増加したことになる。これは移住者の

第6章　スコットランドのナショナリズム

表5　スコットランドの人口と移民 (2001-2011年)　　　　　(%)

	人口		人口変動	人口比率		比率変動
	2001	2011	2001-2011	2001	2011	2001-2011
スコットランドで誕生した人	4,410,400	4,411,884	1,484	87.13	83.32	−3.81
スコットランドを除くイギリスで誕生した人	460,040	514,235	54,195	9.09	9.71	0.62
イギリス以外の地域で誕生した人	191,571	369,284	177,713	3.87	6.97	3.10
合計	5,062,011	5,295,403	233,392	100	100	0

(資料)　Social Research, *The impacts of migrants and migration into Scotland* (Scottish Government, 2016), p.12.

第1世代である。移住者の第2世代の人数は，スコットランドで誕生した人に入っているので，第2世代以降の世代の人数を加えるなら，その人口はさらに増加するだろう。[47]

表6　各地からの移住者数上位10 (2001-2011年)

	国／地域	2001	国／地域	2011
1	イングランド	408,948	イングランド	459,486
2	北アイルランド	33,528	ポーランド	55,231
3	アイルランド共和国	21,774	北アイルランド	36,655
4	ドイツ	18,703	インド	23,489
5	ウェールズ	16,623	アイルランド共和国	22,952
6	パキスタン	12,645	ドイツ	22,274
7	アメリカ合衆国	11,149	パキスタン	20,039
8	インド	10,523	ウェールズ	17,381
9	カナダ	8,569	アメリカ合衆国	15,919
10	南アフリカ共和国	7,803	中国	15,338

(資料)　Social Research, *The impacts of migrants and migration into Scotland* (Scottish Government, 2016), p.13.

イギリスにおけるスコットランド以外の地域で誕生した人だけを見ると，2001年から2011年にかけて，人口で5万4195人増加し，スコットランド全人口に対する人口比率は0.62％増加する。イギリス以外の地域で誕生した人の，同じ数字は，17万7713人と3.10％である。2001年と2011年の人口比率を比べると，イギリス内部の他の地域からの移住者の比率の増加よりも，イギリス外部からの移住者のそれの方が大きい。[48]

ではどの地域からの移住者なのか。表6にあるように，イギリス内部の地域からは，イングランドが圧倒的に多く，2011年で45万9484人である。この人数は，2011年の移住者総人口の88万3519人のうち約半数になる。次が北アイルランドの3万6655人で，さらに，ウェールズからが1万7381人となる。イギリス以外の国からの移住者の出身地は，非常に分散するが，2011年に突出しているのがポーランドである。[49]

では，このような移住者は，スコットランドのナショナリズムに，どのような意味をもつのか。イングランドからの移住者にはアングリカンもいるだろう

表7　移住者への反発（2006-2015年）　　　　　　　　　　（%）

	同意する人の %		
	2006	2010	2015
イスラム教徒の移住者がこれ以上増加したらスコットランドはアイデンティティを失いはじめるだろう	49	50	41
東ヨーロッパからの移住者がこれ以上増加したらスコットランドはアイデンティティを失いはじめるだろう	45	46	38
アジアからの移住者がこれ以上増加したらスコットランドはアイデンティティを失いはじめるだろう	46	45	34

（資料）　Social Research, *The impacts of migrants and migration into Scotland*（Scottish Government, 2016), p.72.

し，ブリティシュネスを持つ人も多いかもしれない。北アイルランドからは，プレスビテリアンの移住者もいるだろうが，カトリック教徒も多いだろう。

しかし，イギリス内部からの移住者は，言語的にも英語であり，微妙なスコットランドなまりにもすばやく適応すると言われている。職場でのコミュニケーションにも，大きな問題はないかもしれない。しかし，インドからはヒンズー教徒も来るだろうし，パキスタンからはイスラム教徒も移住してくるだろう。この問題は，スコットランドの側では，違って受け取られている。表7にあるように，移住者によってスコットランドのアイデンティティが失われるのではないかという不安が出てきている。

スコットランドのアイデンティティを衰退させる要因としてイスラム教徒をあげるひとが，2015年に41%おり，ポーランドなどの東ヨーロッパからのカトリックの移住者をあげるひとが38%になり，ヒンズー教徒や仏教徒を含むアジア人をあげる人が34%である。それぞれの比率は，ゆるやかに減少していることは確かであるが，2015年でも，3割から4割くらいの人が，移住者に反発し，アイデンティティに危機感を抱いている。[50] スコットランドの多文化社会は，その内部に，それに矛盾する苦しみをかかえている。

では，イスラム教やカトリックはどの程度入ってきているのか。表8にあるように，2011年の調査では，イングランドのようなイギリス内部の他の地域から移住してきた人の中には，最初からスコットランド教会の信徒である人も15%存在する。さらに9%はカトリックであるが，この多くは北アイルランドからであろう。その他のキリスト教徒が21%となっているが，この中にはイングランドのアングリカンが含まれる。

第6章　スコットランドのナショナリズム

表8　移住者の宗教 (2011年)　(%)

	スコットランド教会	カトリック	他のキリスト教	仏教	ヒンズー教	イスラム教	無宗教	他
イギリスの他地域で出生	15	9	21	—	—	1	43	11
EEA諸国 (10年未満)	1	54	10	—	—	1	25	9
EEA諸国 (10年以上)	12	38	9	—	—	—	32	9
非EEA諸国 (10年未満)	4	13	17	3	9	20	25	8
非EEA諸国 (10年以上)	15	9	11	2	3	19	31	10

(資料) An Official Statistics publication for Scotland, *Characteristics of migrants in Scotland: Analysis of the 2011 Census: First published March 2015; revised October 2016* (Scottish Government, 2016), p.15.

　表8の次の段が，EEA諸国からの移住者であり，スコットランドに居住して10年未満の人たちである。この諸国からの移住者の中ではポーランド人が非常に多かったが，その影響でカトリックが54％になっている。スコットランド教会の信徒は1％にすぎない。しかし，同じEEA諸国からの移住者のうち，居住開始後10年以上の人たちでは，カトリックが38％に減少し，スコットランド教会信徒が12％に増加している。わずか10年程度で，カトリック信者がスコットランド教会信徒になるという，驚くべき事態が発生している。

　アジアなどの非EEA諸国からの移住者で10年未満の人の場合には，イスラム教が20％であり，ヒンズー教が9％で，仏教徒が3％である。スコットランド教会の信徒は4％に過ぎない。同じ地域からの移住者で，10年以上の人では，さすがにイスラム教徒は，あまり変わらない19％である。しかし，ヒンズー教徒は3％に減少し，仏教徒も2％に減る。他方で，スコットランド教会の信徒が15％に増えている。

　EEA諸国からの移住者も，非EEA諸国からの移住者も，10年以上スコットランドに居住した場合，自分の，もともとの宗教の信仰をやめて，スコットランド教会の信徒になる傾向がある。これは，スコットランドにおいて，移住者が，宗教的に，スコットランドに適応してきている姿を示している。[51]

　そこで，移住者がスコットランドで暮らす中で，彼らのナショナル・アイデンティティが，変化するのかしないのか，この点について，見てみる。イングランドなどのイギリスの他の地域からの移住者については，2011年の数字しかないが，イギリス以外の国からの移住者については，10年間のスコットランド居住による変化を，知ることができる。

　スコットランドの政府統計である表9によれば，EEA諸国からの移住者は，

表9　移住者のナショナル・アイデンティティ（2011年）　　　　　　　　（％）

	スコティシュのみ	ブリティシュのみ	イングリッシュのみ	スコティシュとブリティシュ	スコティシュと他	他UKアイデンティティの結合	他のアイデンティティのみ	他とUKの一つのアイデンティティ
イギリスの他地域で出生	13	31	22	5	6	20	1	—
EEA諸国（10年未満）	4	2	—	—	7	—	83	2
EEA諸国（10年以上）	25	15	1	7	6	1	38	—
非EEA諸国（10年未満）	5	10	—	1	5	—	71	3
非EEA諸国（10年以上）	26	32	1	11	7	1	17	4

（資料）An Official Statistics publication for Scotland, *Characteristics of migrants in Scotland: Analysis of the 2011 Census: First published March 2015, revised October 2016*（Scottish Government, 2016），p.14.

10年未満の場合のアイデンティティは「スコティシュのみ」がわずかに4％，「ブリティシュのみ」が2％であるにすぎない。この人たちのアイデンティティは祖国とからんだ「ほかのアイデンティティのみ」であり，これが83％もある。

しかし，この人たちが，10年以上スコットランドで生活をした後には「スコティシュのみ」が25％に増加し，「ブリティシュのみ」が15％に伸びている。スコティシュとブリティシュのハイブリッド・ナショナリティも7％になっている。しかも，彼らの出生国にからむアイデンティティである「他のアイデンティティのみ」の数字は38％に激減する。

次に，非EEA諸国からの移住者を見ると，居住が10年未満の人は「スコティシュのみ」と思う人は5％であり，「ブリティシュのみ」と感じる人が10％である。この人たちの多くは，イギリスとは無関係の「他のアイデンティティのみ」をもっており，その比率は71％に達する。

ところが，この移住者が，10年以上スコットランドに居住すると，「スコティシュのみ[52]」と感じる人が26％に増え，「ブリティシュのみ」と思う人の比率が32％に伸びる。しかも「スコティシュとブリティシュ」というハイブリッド・ナショナリティを持つ人が11％になる。しかも，イギリスとは無関係の「他のアイデンティティのみ」を選択する人が，17％になり，71％から，驚くほどの減少を示す。

ここには，新しい移住者の人たちが，スコティシュに変化してきている姿を見ることができる。その原因が，スコットランドの包摂的文化にあるのか，何らかの同化強制力にあるのか，この点は，よくわからないが，すくなくとも事実の問題としては，異なる母国や，異なる文化を持つ人たちが，驚異的なス

ピードで，スコットランドに同化されてきていることは，明らかである。

7 再び政治システムについて

これまで，三層の政治システムのうち，最下層のアイデンティティについて検討してきた。これが，上から2番目の第二層にある法制度や，第一層の利益配分のシステムと何らかの関係をもつのかどうか，これは論理的には不可知である。しかし，経験的には，上の層における変化も見ることができる。では，それはどのように変化しているか。

ほとんどの研究が示していることは，サッチャー政権が，スコットランドを含むブリティシュネスを自ら放棄し，ブリトゥンをイングランドに同定して，スコットランドを切り捨てたことが，上の諸層にある政治システムについての，スコットランドの人びとの意識を変えたのではないかということである。しかも，ブレア政権も，基本的には，この方向を維持し，さらにイラク戦争で反感をかっている。

表10はブレア政権以降の数値であるが，スコットランドの人たちが，ブリトゥンがスコットランドに配分する利益は，過少であるという意識が強まっていることが示されている。つまり，政治システムにおける第一層は，スコットランドの人びとにとって，不利に機能していると思われている。

表10の一番下に置いた「a－c」の段に，過剰に利益配分を得ているのはイングランドか，スコットランドか，という点についての回答数値の格差を計算してみた。これによれば，スコットランド議会と政府が作られてもなお，ブリトゥンの政治システムは，イングランドに過剰配分をしていると思っている。その不満は，2000年から2010年くらいまでにやや減少するが，その後，再び増大している[53]。

この意識は，利益配分という第一層の政治システムの機能についての不満であった。では，第二層の政治システムにおけるルール変更への意識はどうか。この点は，表11で，ある程度知ることができる。つまり，ブリトゥン全体の政治システムの権力と，スコットランド政治システムとの関係問題が，人びとに，どのように意識されているかを，知ることができる。

表10 イギリスが連合王国であることによって，過剰な利益配分を
　　　得ているのはどこだと思うか (1999-2014年)　　　　　　　　　(%)

	1999	2000	2001	2003	2005	2007	2009	2010	2011	2012	2013	2014
a　イングランド	36	42	38	30	36	27	28	23	29	28	32	33
b　どこも同じ	36	36	39	40	34	39	40	45	44	45	41	41
c　スコットランド	22	16	18	24	21	25	24	26	22	22	20	18
a-c	14	26	20	6	15	2	4	-3	7	6	12	15

(資料) Social Research that works for society, *Has the Referendum Campaign Made a Defference?* (AQMeN, 2014), p9.

表11　スコットランドを統治するのは誰か (2000-2007年)　　　　　　(%)

	2000	2001	2003	2004	2005	2006	2007
スコットランドを統治するのは							
① 現実にスコットランド議会・政府である	13	15	17	19	23	24	28
② 本来はスコットランド議会・政府であるべきだ	72	74	66	67	67	64	71
③ 現実にブリトゥン議会・政府である	66	66	64	48	47	38	47
④ 本来はブリトゥン議会・政府であるべきだ	13	14	20	12	13	11	14

(資料) Paul Cairney, *The Scottish Political System Since Devolution: From New Politics to the New Scottish Government* (imprint-academic.com, 2011), p.158.

　スコットランド議会と政府が開設された2000年以降，スコットランド議会と政府が，活動していることについては，緩やかな承認があるようであり，これは①段において，2000年の13％から，2007年の28％に増加している。ブリトゥン政府の機能が減少してきたことも認識されており，これは③段の数値の確実な低下で知ることができる。
　ところが，②段と，④段で知ることができるところの，本来は，どうあるべきか，という意識は，じつは，あまり変化しない。つまり，政治システムの用語に戻ると，スコットランドの政治システムの事実上の強化は認識するし，ブリトゥンの政治システムの事実上の弱化も認識している。しかし二つの政治システムの権力の比重をどちらかに変化させるべきかどうかという点では，むしろ，意識の変化は，はっきりしない。この数値は2007年までであるとはいえ，スコットランド独立問題についての予測が簡単ではないことを示している。[54]
　政治システムの第一層では，スコットランドへの利益配分が過少であるという不満があった。第二層では，スコットランドへの権力の確実な移行については認識しているものの，今後の，権力の法的な配分についての明確な意識の変化は発見できない。第三層では，スコティシュ・モノ・ナショナリズムはあるものの，ブリトゥンと連合して行動しようとするハイブリッド・ナショナリズ

ムは，依然として強い。
　このような三つの層でなりたつ政治システムにおける，それぞれの層の特徴が，なんらかの共鳴を引き起こせば，スコットランドが独立するかしないかについての，方向が出てくるかもしれない。しかし，現状では，これまで見てきたように，その発見は，容易ではない。

8　レトリックとしての，モノ・ナショナリズムとハイブリッド・ナショナリズム

　最後に，モノ・ナショナリズムとハイブリッド・ナショナリズムは，政治の世界では，具体的にはどのような言説になるのか，この点について見る。モノ・ナショナリズムは，スコットランド独立派の指導者の1人であったA.サーモンド (Alex Salmond) において，最もよく現れている。ハイブリッド・ナショナリズムは，独立反対派の指導者の1人であったG.ブラウン (Gordon Brown) の言説に出てくる。
　両者ともにスコットランドで生まれ，スコットランドの愛国者である。お互いに，相手を非難するところがあるが，両者ともに，強い愛国者である。しかし，そのレトリックと政策は対立した。サーモンドは，2014年の独立レファレンダム当時，SNPの党首であったし，ブラウンは，その直前の労働党の党首であるとともにイギリス首相であった。まずサーモンドから，見ることにする。
　サーモンドが幼少の頃，彼の祖父は，彼にスコットランドの民話と歴史について教えてくれたという。例えば，イングランドの王であるエドワードⅡ世を撃退してスコットランドを守ったR.ブルース (Robert Bruce)(ロバートⅠ世) の英雄的な戦い，その戦いにおいて英雄的な働きをした勇敢な騎士たち，地方に残されている伝説，主要な家系の物語，このような伝説で，幼少の頃の彼の心は満たされたという。
　サーモンドは，スコティシュの詩人であるR.バーンズ (Robert Burns) を引用しながら述べる。スコットランドは非凡な地 (a singular place) であり，スコットランドの人民は偉大なことをする能力 (the people of Scotland are capable of great thing) に恵まれている。この信念の基礎の上にこそ，サーモンドが学んだことや経験したことの全ては，築かれているという。[55]

スコットランドのジェイムズⅥ世が1603年に、イングランドとの同君連合を打ち立てたとき、スコットランドは独立国だったにもかかわらず、1707年の連合条約では、スコットランド主権の象徴であったエディンバラ議会が廃止され、ロンドンの議会に統合されてしまい、これで、スコットランドには、消すことのできない不満が残った[56]。

　サーモンドの父は、熟練労働者であり、スコティシュの歴史に誇りをもっていたという。父が常に述べたところによれば、前述のロバート王や、労働党創立に貢献したK.ハーディー（Keir Hardie）や、スコティシュが牽引した労働組合の活動家は、つねにスコットランド自治の支持者であった。

　サーモンドによれば、スコティシュ・アイデンティティは、コットランド教会、スコティシュ法、スコティシュ教育などで、300年にわたって維持されてきた。このような制度を基礎として、A.スミス（Adam Smith）や、D.ヒューム（David Hume）をはじめとするスコットランド啓蒙の思想家が出てきたし、科学者や発明家などが生まれてきた[57]。

　しかも、今やスコットランドの経済は発展してきており、失業率は低い。雇用はイギリス平均よりも良い。イングランドの南東部を別とすれば、スコットランドは、もっとも良い実績を誇っている。だからスコットランドの独立は、きわめて自然なことであった[58]。

　以上が、サーモンドの、スコットランド・モノ・ナショナリズムのレトリックである。これに対して、独立反対派の指導者の1人であったブラウンは、スコティシュとブリティシュから構成される、ハイブリッド・ナショナリストであり、次のように述べている。

　ブラウンは、自分の国であるスコットランドを愛しており、情熱的で誇り高いスコティシュであるという。ブルースⅠ世の栄光や、スコットランド啓蒙思想や、スコティシュの偉大な文学や音楽や映画などが、彼を育てた。

　彼の父は、60年間もスコットランド教会の指導者であったという。ブラウンはスコットランド教会の信徒であり、このことは、彼を常に支えてきた。彼は、スコットランドで生まれ、スコットランドの小中学校に通い、エディンバラ大学を卒業した。12歳になるまでロンドンに行ったことはなかったと述べる[59]。

　1983年にウェストミンスター国会の議員になったときも、ロンドンにはあま

第6章　スコットランドのナショナリズム

り居なかった。その後，大蔵大臣になったとき，あるいは，首相になったときは，ロンドンでの生活が多くなったが，スコティシュであることを，つねに誇りにしていた[60]。

しかし，彼は，同時にブリティシュであったという。スコットランドで生まれたが，同時に，ブリトゥンで生まれたと思っていた。ブリティシュであることは，複数の，多くの国民のアイデンティティを含んでいる包摂的な気持であり，違いを認める気持ちだと，論じている。スコティシュでもいいし，イングリッシュでもいいし，ウェリッシュでもいいし，アイリッシュでもいい。だからこそ，いまでは，ブラック・ブリティシュとか，ムスリム・ブリティシュというような言い方をする人も出てきたと述べる。

ブラウンによれば，白か黒かというようなナショナル・アイデンティティは良くないし，不十分である。アイデンティティも変化している。たしかに，ナショナル・アイデンティティは持続するとしても，それは，進化するものである[61]。

スコットランドは，古くから確立されたナショナルな諸機関をもっているし，権力共有の制度も持っている。最も重要なことは，ブリトゥンのすべてのネイションが，協働する新しい方法を見つけることであって，相互に分裂することではない[62]。

スコットランドは，すでに，常に，ネイションであった。スコットランドの人びとは，その政治的な決定権を，すでにもっている。スコットランド議会と政府がある。ネイション間の平等があるべきか，と聞かれれば，その通りだという。しかし彼によれば，スコットランドが，UKの他の地域の隣人との憲法的な関係を切断すべきかと問われれば，切断するべきではないという。彼は，スコットランドという自分の祖国で生まれ，隣人と協力して，ブリトゥンという国を作り上げてきたからである[63]。

ブリトゥンでは，各ネイションが相互協力することによって，より繁栄する。スコットランドは，連合王国との関係を強化することによって，より発展する。大切なことは，子どもたちにとってのグローバルな未来のために，連合王国内部の諸国民が分裂するのではなく，協力をしなければならないことである，と論じている[64]。

9　まとめにかえて

　本章の目的は，スコットランドのナショナリズムについて理解することであった。そのために，ナショナリズムを二つに分類して考えてみた。第一がモノ・ナショナリズムであり，単一のナショナリティで成り立つナショナリズムであった。スコットランドの場合には，スコティシュだけで成り立つナショナリズムであり，これが独立意識には，もっとも近かった。

　第二がハイブリッド・ナショナリズムであった。これは，一般論としては，複数のナショナリティによって成り立つものである。これは，他の国でも発見できるかもしれない。特にスコットランドでは，スコティシュとブリティシュで構成される場合が多かった。その中の構成要素としてのスコティシュの意識が，大きくなればなるほど，独立意識には近づいた。

　しかし，スコットランドの多くの人は，ハイブリッド・ナショナリズムを持っており，その中で，スコティシュとブリティシュの，調和と葛藤を，経験しながら，困惑しているのが実情であろう。この点は，そもそもスコットランドの文化が作られ始めるときからの歴史的なものであり，スコットランド文化の基本的な性格の一つである。文化の中心にあるプレスビテリアンそのものがハイブリッドの性格によって作られてきた。これがブリトゥンを否定する文化に変化するかどうか，よく観察する必要がある。

　もちろんスコットランドが，ブリトゥンに対して持っている反発も，歴史的に，以前からある。しかも，これは，現代では，アイルランドから入ってきたカトリックの反ブリトゥン意識と共鳴して増幅している。今のところ，カトリックと，スコティシュ・モノ・ナショナリズムが，スコットランド独立意識に最も近いかもしれない。

　SNPのサーモンドは，カトリックの支持獲得に成功した。しかし，本章で述べたように，カトリックとプレスビテリアンは，歴史的に，常に友好的であったわけではない。この点の将来も，観察が必要である。

　SNPは，スコットランドが多文化社会であることを強調している。たしかに，移住者のスコットランドへの適応のスピードは非常に速い。この理由は，

スコットランドが包摂的な文化を持っているからなのか，どこかに同化強制的な圧力があるからなのか，この点については，別の研究を必要とする。

しかし，多文化社会の強調と，選ばれた民としてのスコティシュの強調（サーモンドの主張）は，論理的には矛盾するだろう。しかも，この矛盾は，スコティシュのみならずブリティシュも，最初から持っているものであり，帝国の基本原理でもあった。自分自身を作りあげて，自分を守ってきた論理が，今は，スコットランドとブリトゥンを攻撃している。スコットランドもブリトゥンも，この問題を乗り越える事業に，直面しているのである。

【注】

1 スコットランドの独立をめぐる政治状況や，政治史的および政治学原論的な意味については，力久昌幸『スコットランドの選択——多層ガヴァナンスと政党政治』（木鐸社，2017年）において詳しく論じられている。

2 Tom Gallagher, *The illusion of Freedom: Scotland under Nationalism* (C.Hurst & Co., 2009), pp.3-4.

3 梅川は，J.G.ケラス（James G. Kellas）を踏まえながら，スコットランドには独自の政治システムがあると述べた（梅川正美『サッチャーと英国政治(2)』成文堂，2001年，413-437頁）。James G. Kellas, *The Scottish Political System* 4th edn (Cambridge University Press, 1992), pp.16-19, 27-40, 67-69, 256.

4 Christopher G. A. Bryant, *The Nations of Britain* (Oxford University Press, 2006), pp.12-14; Paul Cairney and Neil McGavey, *Scottsh Politics* (Palgrave Macmillan, 2013), pp.9-10.

5 Paul Cairney and Neil McGavey, n(4), pp.13-14.

6 Anthony D. Smith, *Nationalism* (Polity Press, 2014), pp.136-138.

7 Paul Cairney, *The Scottish Political System Since Devolution: From New Politics to the New Scottish Government* (imprint-academic.com, 2011), p.144.

8 Social Research that works for society, *Has the Referendum Campaign Made a Defference?* (AQMeN, 2014), p.8.

9 John Curtice and Rachel Ormston, *How will Scotland answer the referendum question?* (ScotCen Social Research, 2012), p.4.

10 Kenneth B.E.Roxburgh, 'Revival: Am Aspect of Scottish Religious Identity', in Robert Pope ed., *Religion and National Identity: Wales and Scotland c.1700-2000* (University of Wales Press, 2001), p.200.

11 T.M.Devine, *Independence or Union: Scotland's Past and Scotland's Present* (Allen Lane, 2016), pp.87-89.

12 Panel on Worship of the Church of Scotland. *Book of Common Order*, First edn., 1994, Second edn., Second impression 2015 (Saint Andrew Press, 2015), pp.18, 23, 61.

13 *The Book of Common Prayer, and Administration of the Sacraments, and other Rites and Ceremonies of the Church, According to the Use of The Church of England* (Cambridge University Press, 1968), pp.14, 25.
14 *The Alternative Service Book* 1980 (Oxford University Press, 1980).
15 Gordon Donaldson, *Scottish Church History* (Scottish Academic Press, 1985), p.141.
16 G.Donaldson, n(15), pp.146, 149.
17 G.Donaldson, n(15), p.145.
18 Thomas Maclauchlan, 'Preface in 1873' in *The Book of Common Order, Commonly called John Knox's Liturgy, Translated into Gaelic Anno Domini 1567, by Mr. John Carswell, Bishop of the Isles* (Edmonston & Douglas. Reprinted in 1873), p.2.
19 G.Donaldson, n(15), p.236.
20 T.M.Devine, n(11), pp.22, 75.
21 T.M.Devine, *Scotland's Empire* (Allen Lane, 2003), p.62.
22 T.M.Devine, n(11), p.75.
23 T.M.Devine, n(11), p.76.
24 T.M.Devine, n(11), pp.87-89.
25 G.Donaldson, n(15), pp.237-238.
26 National Records of Scotland, *2011 Census: Key Results on Population, Ethnicity, Identity, Language, Religion, Health, Housing and Accommodation in Scotland - Release 2 A* (A National Statistics publication for Scotland, 2013), p.32.
27 Steve Bruce, *Scottish Gods: Religion in Modern Scotland 1900-2012* (Edinburgh University Press, 2014), pp.81-82.
28 T.M.Devine, *The Scottish Nation 1700-2000* (Allen Lane The Penguin Press, 1999), p.291.
29 Liam Upton, 'Our Mother and our Country: The Integration of Religious and National Identity in the Thought of Edward Irving (1792-1834)', in Robert Pope ed., *Religion and National Identity: Wales and Scotland c.1700-2000* (University of Wales Press, 2001), p.244.
30 T.M.Devine, n(28), p.291.
31 S.Bruce, n(27), p.83; Tony Glendinning, Steve Bruce, Ian Paterson and Michael Rosie, *Sectarianism in Scotland* (Edinburgh University Press, 2004), pp.41-42, 46.
32 T.Glendinning, S.Bruce, I.Paterson and M.Rosie, n(31), p.44.
33 S.Bruce, n(27), pp.84, 89.
34 S.Bruce, n(27), pp.91-93.
35 S.Bruce, n(27), pp.80-81.
36 T.Glendinning, Bruce, Paterson & Rosie, n(31), pp.70-71.
37 T.Glendinning, Bruce, Paterson & Rosie, n(31), p.70.
38 T.Glendinning, Bruce, Paterson & Rosie, n(31), pp.98-99, 179.
39 S.Bruce, n(27), pp.63-64.
40 Graham Walker, *The Labour Party in Scotland: Religion, the Union and the Irish Dimension* (Palagrave Macmillan, 2016), p.61.

第6章　スコットランドのナショナリズム

41　T.Glendinning, S.Bruce, I.Paterson & M.Rosie, n(31), pp.97-98.
42　S.Bruce, n(27), pp.63-64.
43　T.Glendinning, S.Bruce, I.Paperson & M.Rosie, n(31), pp.70-71.
44　National Records of Scotland, *2011 Census: Key Results on Population, Ethnicity, Identity, Language, Religion, Health, Housing and Accommodation in Scotland - Release 2A*, p.32.
45　S.Bruce, n(27), pp.234-235.
46　Social Research, *The impacts of migrants and migration into Scotland* (Scottish Government, 2016), p.12.
47　Social Research, n(46), p.12.
48　Social Research, n(46), p.13.
49　Social Research, n(46), p.13.
50　Social Research, n(46), p.72.
51　An Official Statistics publication for Scotland, *Characteristics of migrants in Scotland: Analysis of the 2011 Census*: First published March 2015; revised October 2016 (Scottish Government, 2016), p.15.
52　An Official Statistics publication for Scotland, n(51), p.14.
53　Social Research that works for society, *Has the Referendum Campaign Made a Defference?* (AQMeN, 2014), p.9.
54　P.Cairney, n(7), p.158.
55　Alex Salmond, *The Dream Shall Never Die: 100 Days That Changed Scotland Forever* (William Collins, 2015), pp.7-9.
56　A.Salmond, n(55), pp.10-11.
57　A.Salmond, n(55), pp.12-14.
58　A.Salmond. n(55), pp.15-16.
59　Gordon Brown, *My Scotland, Our Britain: Future Worth Sharing* (Simon & Schuster, 2014), p.11.
60　G.Brown, n(59), p.12.
61　G.Brown, n(59), p.13.
62　G.Brown, n(59), p.5.
63　G.Brown, n(59), p.8.
64　G.Brown, n(59), p.4.

終　章
二つのレファレンダムと「スコットランド問題」

倉持　孝司

　現在，UKの憲法・政治において最大の争点かつ焦点となっているEU離脱 (Brexit) は，「単一EU」へ向けての進展の中でUKの独自性を確保しようとする対応 (例，ユーロ，シェンゲン協定への対応，など) を一つの背景として実施に至った2016年6月23日EU離脱レファレンダムの結果もたらされたものである[1]。

　T.メイ (Theresa May) 首相は，2017年3月16日制定の2017年EU (離脱通知) 法 (European Union (Notification of Withdrawal) Act 2017 (c.9)) によってEU条約 (Treaty on European Union) の規定 (50条) に基づく離脱通知を行う権限を付与され，2017年3月29日に離脱通知を行った (EUとの離脱協定交渉期間は2年である)[2]。

　このBrexitは，第一に，UKとEUの将来の関係 (現実的な問題としては，UKとEUの単一市場・関税同盟との関係) のみならず，第二に，Brexit実施に伴うEU離脱法案が予定する前例のないほどに広範な第二次 (従位) 立法権をめぐってUKの国会と執行部との関係に大きな影響を与える (Brexitに伴って生じる執行部の権限拡大とそれに対する国会によるコントロールの確保あり方) とともに，第三に，UK憲法上の制度配置の一部となっているEU・権限移譲制度を含む「多層化された統治 (multi-leveled government)」(地方レベル－権限移譲レベル－全国レベル－超国家レベル (EU) から成る) を流動化させ，総体として，「全体としてのUKに基本的な憲法上の挑戦を提出する[3]」ものとなっており，結果，UK憲法体制に重大な不確実性をもたらしている。

　そもそも，スコットランドにとって，Brexitは深刻な矛盾である。というのは，スコットランドは，EUの構成員であり続けるためにスコットランド独立レファレンダムにおいてUK残留を支持したと言えるのであり，しかもその際，UK残留を支持するならば権限移譲をさらに進展させるとの主要三政党党首による「誓約 (The Vow)」が示されていたのであり (実際，2016年スコットラン

ド法 (Scotland Act 2016 (c.11)) によって権限移譲は進展した)，そして，スコットランドはEU離脱レファレンダムにおいてEU残留を支持したのだからである。すなわち，スコットランドにとって，独立レファレンダム実施の際に想定されていた (同時に，進展が約束された権限移譲制度が想定していた)「UKはEUの構成国である」という前提条件が，スコットランドの意思に反して，EU離脱レファレンダム実施の結果Brexitによって取り除かれてしまうことになるのである。

2017年7月13日，UK国会 (庶民院) に提出されたEU離脱法案 (European Union (Withdrawal) Bill 2017-19 [Bill 5]) は，三つの主要な目的を有しているとされる。[4]

第一は，1972年ECに関する法律 (European Communities Act 1972 (c 68)) を廃止し，UKにおけるEC法 (以下，EU法と言う) の至高性に終止符を打つことであり，第二は，Brexitに伴い，現行EU法をUK法に転換する (convert) ことであり，そして第三は，Brexitの結果，適切に作用しなくなるUK法を補正し (correct)，またEU条約 (50条) の下での離脱協定実行ための規則を制定することを可能にする一時的権限を含む第二次立法制定権限を創設し大臣に付与することである。

上の第一について，1972年ECに関する法律は，UKがいわゆる二元主義を採用していることから，1973年1月1日UKのEEC (European Economic Community, 現EU) 加盟にあたって，EU法をUK国内法に編入するとともに，EU法にUK法における至高性を付与するために制定されたものであった。すなわち，1972年ECに関する法律は，一方で，一定のEU法 (EU規則など) における権利・義務の国内実施にはUK国会による特別の立法を必要としないことを規定し (2条1項)，他方で，EU上の義務 (EU指令における義務など) の実行のために第二次立法 (制定法的文書 (statutory instrument) による) を制定する権限の委任を規定している (2条2項)(このようなことから，1972年ECに関する法律は，それを通してEU法がUK国内に流れ込む「導管 (conduit pipe)」などと呼ばれる)。したがって，Brexitは，こうした「憲法的性格 (a constitutional character)」を有するとも位置づけられる1972年ECに関する法律を不要のものとする。[5][6]

上の第二について，EU離脱法案が1972年ECに関する法律を廃止するということは，上の直接適用可能なEU法が自動的にUK法になるメカニズムおよびEU上の義務の実施のための第二次立法の根拠を除去することを意味する。

終　章　二つのレファレンダムと「スコットランド問題」

したがって、直接適用可能なEU法もその他の類型のEU法もBrexit以後はUK法として適用されなくなり、それらを前提としたUK法の体系に重大な「裂け目」が生じることとなる（1万2000を超えるEU規則が存し、EU指令を実行するための国内法として約7900の制定法的文書が存すると言われる（権限移譲機関による制定法的文書を含まない））。こうして、Brexitは、EU法をその一部とするUK憲法体制全体に大きな影響を及ぼすこととなるが、それに対応するために、EU離脱法案は、一方で、現行の直接適用可能なEU法をUK国内法に転換し、他方で、EU上の義務を国内において実行するために制定された国内法を維持（preserve）しようとする（これら「転換されるEU法（converted EU law）」および「維持される国内法（preserved domestic law）」は、総合して「持続されるEU法（retained EU law）」と呼ばれる）。その際、権限移譲機関（執行部・立法部）は、権限移譲法の下で移譲された権限の行使に当たってEU法に抵触してはならないという制約が課せられていたが、Brexit以後はUK国内法事項として「持続されるEU法」に抵触してはならないという新たな制約が課されることになる（これに対して、UK政府・国会は、EU法はもとより「持続されるEU法」による制約も受けないだけでなく、Brexit以後「持続されるEU法」を改廃することが可能である）。

　上の第三について、EU法は、「持続されるEU法」としてUK内において作用し続けることとされているが、EU法はUKがEUの構成国であることを前提としているのであり、Brexitによってその前提を欠くこととなる。したがって、Brexitを実行するために必要な措置として、EU離脱法案は、Brexitによって生じる諸問題を補正する（correct）ために膨大な数となることが予想される第二次立法を制定する権限をUKの大臣に対して付与している（この権限は権限移譲領域にも及びうる。同じ事態は、権限移譲された立法にも生じるため権限移譲された大臣に対しても類似の権限が付与される）。

　UK政府にとって、このようなEU離脱法案の前提となる（白書において示された）基本的な考え方と思われるのは、おおよそ次のようである。

　すなわち、権限移譲制度はUKがEUの構成国であることを前提としているが、それは権限移譲機関は権限移譲された政策領域においてEU法と抵触しない限りという条件に服しつつ立法を行う権限を有すること、言い換えると、権限移譲機関は、それが権限を有する領域においては（農業、環境、輸送など）、

159

EUが設定する共通政策枠組み (common policy frameworks) を実行する責任を負うことを意味する。これに対して，UK政府はEUレベルの共通枠組みの設定プロセスにおいてUK全体の利益を代表し，当該共通枠組みは共通のUK枠組みともなる。したがって，UKのEU離脱に伴い，EUが共通枠組みに関して行使してきた権限はUKに戻ることになる。その際，UK政府は，安定性・確実性を確保し，UK単一市場の実効的作用を維持するために，EU準則によって規定された現行共通枠組みをUK立法によって「複製」しようとするが，共通枠組みの必要性・内容等に関しては権限移譲政府と議論する。その結果，UK政府は，権限移譲政府の政策決定権限が増大することになることを期待する，と。

こうしたEU離脱法案については，法案提出日に，スコットランド首相はウェールズ首相とともに共同声明を発し，「あからさまな権限略奪 (power-grab) であり，権限移譲の設立原則に対する攻撃であり，経済を不安定にするものである」と非難した。そして，EU法に代わるUK全体を横断する共通枠組み (common framework) の必要性は承認するが，その設定は権限移譲制度を尊重した形で交渉と同意によるべきであり押し付けによるべきではないこと，同法案は権限をEUから権限移譲政府に戻すものではなくUK政府・国会に戻そうとするものであること，同法案はUK政府・国会には何の制約も課していないのに対してスコットランドおよびウェールズの議会には新たな制約（上記のEU法に代わる「持続されるEU法」による制約）を課すものであることなどを指摘し，スコットランド政府・ウェールズ政府としては同法案に対して「立法上の同意 (legislative consent)[15]」を与えるよう勧告することはできないとした。

要するに，スコットランド政府の説明によると，EU離脱法案の目的は受け入れるが，同法案の権限移譲に対するアプローチの仕方あるいは同法案がBrexit以後想定する憲法上の制度配置は承認できないと言うのである。というのは，同法案は，スコットランド政府・議会に対する「持続されるEU法」による制約と権限移譲領域における立法をスコットランド議会による審査なしに修正する権限をUK大臣に付与することを通して，UK政府・国会にコントロール権と政策決定権を集中しようとするもので，この間合意に基づいて進展して来た権限移譲制度を尊重するものとなっていない（権限移譲機関の権限とそ

終　章　二つのレファレンダムと「スコットランド問題」

れに対する責任を承認していない）からであるとしている。[16]

　こうして，直接にはEU離脱法案をめぐるUK政府とスコットランド政府の攻防は，この間形成されてきた「多層化された統治」におけるEU-中央政府-権限移譲の位置づけを中心にして，UKの国家としてのあり方に加えて，そこにおけるUK憲法・政治構造（UKの国家構造（constitution））のあり方自体について基本的な合意が成立しにくくなっていることを反映しているように思われる。「スコットランド問題」は，こうした文脈の中に位置し展開している。

【注】

1　Department for Existing the European Union, Legislating for the United Kingdom's withdrawal from the European Union, Cm 9446 (March 2017), paras.1.1-1.7. Explanatory Notes to the European Union (Withdrawal) Bill (Bill 5-EN), paras.4-5.
　　そもそもEC加盟当時，加盟反対の声も大きく，1975年6月5日，「UKは，ECに残留すべきだと思うか」を問うレファレンダムが実施された。結果，残留が支持された（UK全体では67.2%（投票率63.9%）が支持したが，スコットランドでは（2016年EU離脱レファレンダムの際の62.0%と比べるとやや少ない）58.4%の支持にとどまった）。

2　Department for Existing the European Union, n(1), paras.1.8-1.10. Explanatory, n(1), paras.6-9.

3　House of Lords, European Union Committee, Brexit: devolution, 4th Report of Session 2017-19, HL Paper 9 (19 July 2017), p.3.

4　Department for Existing the European Union, n(1), para.1.24.

5　このことを指摘したUK最高裁判決は，同時に，「UKの憲法上の制度配置にとって基本的なものである……国会主権の原則」からすれば，国会は，1972年ECに関する法律を改廃することが可能であるとしていた（R(Miller) v. Secretary of State for Exiting the European Union [2017] UKSC 5, para.67）。

6　Department for Existing the European Union, n(1), paras.2.1-2.3.

7　Department for Existing the European Union, n(1), para.2.6.

8　Department for Existing the European Union, n(1), paras.2.4-2.8.

9　Scottish Government, Legislative Consent Memorandum, European Union (Withdrawal) Bill, LCM-S5-10 (2017), para.22.

10　Department for Existing the European Union, n(1), paras.3.1-3.6.

11　Scottish Government, n(9), para.26.

12　Department for Existing the European Union, n(1), paras.4.1-4.6.
　　同白書に寄せられたEU離脱問題担当大臣（David Davis）による「序章」における説明は，次のようである（Department for Existing the European Union, n(1), pp.7-8）。「（Brexitという）歴史的決定の核心にあるのは，主権である。強力な独立国家は，自身の法律についてコントロール権を持つことが必要である」。そのために「大廃止法案（Great Repeal Bill）」（当初，このように呼ばれていた）は，1972年ECに関する法律を廃止する。

これによって,「UK国会は,疑いもなく再び主権的となり,裁判所はUK法律の最高の権威者となるであろう」。しかし,一夜にしてすべてが変わるわけではない。「大廃止法案」は,EU法をUK国内法に「転換」し当面はEU離脱前と同一の法律および準則が適用される。しかし,法律がEU離脱によって適切に機能しなくなるようであれば,それを補正あるいは除去するのに必要な権限を政府に付与する。その上で,「共通UK枠組み」の設定の必要性・内容について権限移譲政府と綿密に努力する,と。

13　Department for Existing the European Union, n(1), para.4.1.
14　「権限移譲制度が変更されなければ,すでに権限移譲されているが,実際はほとんどがEUレベルで行使されている政策領域(特に,農業,漁業および環境)における責任は,Brexitの時点で自動的に権限移譲された管轄権内のものとなる」からである (House of Lords, European Union Committee, n(3), p.3)。
15　「シーウェル憲法習律」に基づいて,EU離脱法案に対してスコットランド議会による立法上の同意(legislative consent)が必要だということについてはUK政府も認めているが,「立法上の同意」の範囲についてはスコットランド政府との間でいくつか重要な点で食い違っている (Department for Existing the European Union, n(1), paras.68-70 and Annex A, Scottish Government, n(9), paras.8-11 and Annex)。
16　Scottish Government, n(9), para.37. UK国会は,現在は,「留保事項」につきEU法の制約に服しているが,Brexit以後はそのような制約を受けない。これに対して,EU離脱法案では,スコットランド議会は,「持続されるEU法」による制約を受ける上,その後の権限移譲の範囲はUK政府による「共通枠組み」の設定によって決定され,実際に右制約を解除するのは枢密院令(Order in Council)ということになっている(しかも,「シーウェル憲法習律」は「枢密院令」を対象にしていない)。したがってこれは,スコットランド執行部・議会の権限の変更を含むため1998年スコットランド法の改正を伴うが,同法が基礎としている「権限留保モデル」に「権限付与モデル」を接ぎ木するものとなるとされる (Scottish Government, n(9), para.25)。

本書関係のスコットランド年表（括弧内の数字は，本文該当頁）

1603年	イングランドとの同君連合 (9, 63, 150)
1688年	名誉革命 (9, 136)
1707年5月1日	イングランドとの連合（合同）⇒グレイト・ブリトゥン連合王国 (2, 3, 9, 10, 14-22, 25-27, 29, 43, 44, 49, 63, 67, 72, 134, 135, 150)
1885年	スコットランド省設置－スコットランド担当大臣職 (43, 64)
1886年	スコットランド自治協会設立 (44)
1926年	スコットランド大臣 (43, 64)
1934年	SNP設立 (45)
1953年	MacCormick v. Lord Advocate (22-25, 28)
1964年10月15日	総選挙 ⇒ ウィルソン労働党政権
1966年3月31日	総選挙 ⇒ ウィルソン労働党政権
1969年4月	統治構造に関する王立委員会任命 (12)
1967年11月2日	SNP，庶民院補欠選挙で初めて議席獲得 (45)
1970年6月18日	総選挙 ⇒ ヒース保守党政権
1972年10月17日	1972年ECに関する法律 (10, 19, 24, 99, 158)
1973年1月1日	EC加盟 (10, 16, 158)
1973年10月31日	統治構造に関する王立委員会報告書 (12, 108-112, 115-119)
1974年2月28日	総選挙 ⇒ ウィルソン労働党政権 (65)
1974年10月10日	総選挙 ⇒ ウィルソン労働党政権，SNP躍進 (45, 65)
1975年6月5日	EC加盟継続レファレンダム (19)
1976年4月5日	キャラハン労働党政権
1978年7月31日	1978年スコットランド法 (12, 65, 109)
1979年3月1日	1978年スコットランド法実施レファレンダム (12, 46, 48, 49, 65)
1979年5月3日	総選挙 ⇒ サッチャー保守党政権，SNP敗北 (46)
1979年7月	⇒1978年スコットランド法廃止 (12, 65)
1983年6月9日	総選挙 ⇒ サッチャー保守党政権
1987年6月11日	総選挙 ⇒ サッチャー保守党政権 (47)
1989年3月	スコットランド憲政会議 (13, 28-29, 47, 48, 65, 70)
	（⇒1995年報告書「スコットランドの議会，スコットランドの権利」
1989年4月	サッチャー政府，スコットランドに人頭税先行導入 (47)
1990年11月28日	メジャー保守党政権
1992年4月9日	総選挙 ⇒ メジャー保守党政権 (48)
1997年5月1日	総選挙 ⇒ ブレア労働党政権 (11, 13, 48, 65, 66)
1997年9月11日	権限移譲レファレンダム (11, 19, 28, 48, 49, 66)

1998年11月9日	1998年人権法（⇒2000年10月2日施行）(91, 95, 117)	
1998年11月19日	1998年スコットランド法 (2, 4, 11, 13, 14, 25, 28, 29, 66-69, 71-77, 90-93, 96, 97, 99, 112)	
1999年5月6日	第1回スコットランド議会選挙	
	⇒スコットランド議会発足⇒労働党・自由民主党連立政権 (13, 41, 48, 50, 66, 71, 127, 138, 141)	
2001年6月7日	総選挙 ⇒ ブレア労働党政権	
2003年5月1日	第2回スコットランド議会選挙 ⇒労働党・自由民主党連立政権 (50, 71)	
2005年3月24日	2005年憲法改革法 (69)	
	（⇒2009年　最高裁判所）	
2005年5月5日	総選挙 ⇒ ブレア労働党政権	
2007年5月3日	第3回スコットランド議会選挙 ⇒SNP少数政権 (41, 50, 71)	
2007年6月27日	ブラウン労働党政権	
2009年6月15日	カルマン委員会報告書 (51, 71, 73)	
2010年5月6日	総選挙 ⇒ 保守党・自由民主主義党連立政権 (51, 55, 72, 73)	
2011年5月5日	第4回スコットランド議会選挙 ⇒SNP単独過半数議席獲得 (2, 41, 51, 72, 73)	
2012年5月1日	2012年スコットランド法 (51, 72, 73, 88, 91, 96)	
2012年10月15日	エディンバラ協定（合意）(51, 73)	
2014年9月16日	デイリィ・リコード紙上に「誓約」掲載 (15, 54, 74, 107, 157)	
2014年9月18日	スコットランド独立レファレンダム (1, 4, 15, 17, 41, 42, 51-55, 73, 74, 85, 92, 101, 103, 107, 108, 112, 120, 140, 157)	
2014年11月27日	スミス委員会報告書 (55, 74)	
2015年5月7日	総選挙 ⇒ キャメロン保守党政権, スコットランドでSNP圧勝 (55, 56, 74, 120)	
2016年3月23日	2016年スコットランド法 (14, 29, 55, 74-78, 88, 92, 100, 103, 107, 158)	
2016年5月5日	第5回スコットランド議会選挙 (56, 57, 78)	
2016年6月23日	EU離脱レファレンダム (4, 56, 78, 98, 103, 108, 116, 121, 157, 158)	
2016年7月13日	メイ保守党政権	
2017年3月29日	UK, EUに離脱通知 (157)	
2017年6月8日	総選挙 ⇒ メイ保守党政権 (5, 57, 78)	
2017年7月13日	EU離脱法案, UK国会提出 (158-161)	

索　引

あ行

アイリッシュ …………………………… 136, 137
アイルランド …………………………… 103, 139
アイルランド自治 ……………………… 64, 136
アイルランド自治問題 ………………………… 44
アングリカン ………………………………… 143
イーストン, D. ……………………………… 127
「イエス・スコットランド」 …………………… 52
移住者 …………………………………… 142, 143
イスラム教 …………………………………… 145
イスラム教徒 ………………………………… 144
イングランド …… 2, 3, 4, 9, 14, 16-18, 25, 42, 64,
　73, 76, 77, 86-88, 104, 109, 111, 113, 117-120,
　126, 142, 143, 147
イングランド教会 …………………………… 133
イングランド教会の祈祷書 ………………… 133
ウェールズ …… 3, 4, 42, 66, 76, 77, 86, 89, 90, 100,
　109, 117-119, 143, 160
ウェストミンスター国会（連合王国（UK）国会）
　…… 4, 14, 42, 64, 66, 68, 71, 75, 76, 127, 135, 137
ウォーカー, G. ……………………………… 140
エディンバラ議会 …………………………… 150
エディンバラ合意（協定） ………… 51, 52, 73
オイル・ショック …………………………… 45
オレンジ団 …………………………………… 136

か行

カトリック ………………………… 125, 136-141, 144
カトリック教徒 ……………………………… 142
カトリック青年協会 ………………………… 137
カルマン, K. …………………………………… 60
カルマン（Calman）委員会 ………… 51, 71-73
貴族院 ……………………………… 26, 43, 91, 115
北アイルランド … 3, 5, 42, 76, 77, 86, 89, 98-100,
　117-119, 136-140, 142, 143
キャメロン, D. ………………… 15, 51, 73, 74, 136

ギャラハ, T. ………………………………… 126
恐怖のプロジェクト ………………………… 54
キルク ………………………………… 136, 140
緊縮政策 ……………………………………… 61
金融危機 ……………………………………… 53
グラス, J. …………………………………… 137
グラッドストン, W. ………………………… 44
グレイト・ブリトゥン（連合）王国 … 2, 3, 9, 10,
　14, 16, 17, 20, 21, 26, 43
グレンディング, T. ………………………… 137
ケアニー, P. ………………………………… 127
権限移譲 ……… 2, 3, 11-16, 19, 28, 29, 41, 42, 46,
　48-50, 55, 63-66, 73, 77, 85, 88, 89, 92, 99,
　100-103, 109, 112-114, 117, 118, 121, 127
権限移譲問題（devolution issues） ……… 69, 73,
　90-93, 95, 96, 114
憲政改革 ……………………………… 19, 50, 66
憲法改革法（Constitutional Reform Act）
　2005 ……………………………………………… 69
憲法的制定法 ………………………………… 97
権利の請求（Claim of Right） ………… 13, 28
合同大臣委員会 …………………………… 101, 115
コーマック, J. ……………………………… 137
国会主権 …… 11, 14, 16, 19, 20, 22, 23, 25, 27, 29,
　30, 42, 76, 77, 112, 134
国家合同 ……………………………………… 43
コックバーン, L. ………………………… 134

さ行

サーモンド, A. ……………………… 50, 149, 150
「再考せよ」 ………………………………… 49
最大限の権限移譲 ………………………… 3, 52
財務省 ………………………………………… 53
サッチャー, M. …………… 12, 13, 46, 47, 65, 147
スマイルズ, S. ……………………………… 135
シーウェル（の）憲法習律 …… 14, 71, 72, 75, 77,
　98-100

ジェイムズ6世（Ⅵ世）……………… 150
自由教会 ………………………………… 135
自由党 ……………………………… 44, 116
自由民主（主義）党（LD）… 47, 65, 70-74, 116
小選挙区制 ……………………………… 48, 70
所得税率変更権 ………… 11, 48, 51, 68, 72
庶民院 …………………………………… 47
シンクレア, J. ………………………… 134
新自由主義 …………………………… 2, 46
人頭税 …………………………………… 47
人民主権 ……………………………… 28, 29
枢密院司法委員会 ……………………… 69
スコット, W. …………………………… 134
スコットランド・モノ・ナショナリズム …… 150
スコットランド議会 …… 4, 11, 13, 41, 46, 49-51,
　55, 57, 63, 66-70, 72-77, 85, 88, 90, 94, 97, 98,
　100, 103, 127, 134, 147, 148, 151
スコットランド議会制定法 …… 66, 69, 90, 93, 94,
　96, 97
スコットランド議会選挙
　1999年────… 13, 41, 48, 50, 66, 71, 127, 138,
　141
　2003年──── ……………………… 50, 71
　2007年──── ………………… 41, 50, 71
　2011年──── ………… 1, 41, 51, 72, 73
　2016年──── ………………… 56, 57, 78
「スコットランド議会を求める運動」……… 47
スコットランド教会 ……… 132-135, 137-139, 141,
　144, 145, 150
スコットランド教会の祈祷書 ……………… 132
スコットランド憲政会議（SCC）… 13, 28, 29, 47,
　48, 65, 70
スコットランド自治協会 ………………… 44
スコットランド省 ……………… 43, 64, 128
スコットランド政府 ………………… 72, 142
「スコットランド前進」 …………………… 49
『スコットランドの議会、スコットランドの
　権利』 ……………………………… 48, 65
スコットランド法（Scotland Act）
　1978年──── ……………… 12, 65, 109

1998年──── ……… 2, 4, 11, 13, 14, 25, 28, 29,
　66-69, 71-77, 90-93, 96, 97, 99, 112
2012年──── ………… 51, 72, 73, 88, 91, 96
2016年──── ……… 14, 29, 55, 74-78, 88, 92, 100,
　103, 107, 158
スコティシュ・プロテスタント協会 ……… 136
スコティシュ改革協会 ………………… 136
スタージョン, N. ……………… 5, 55, 74, 78
スミス, A. ……………………………… 150
スミス, A.D. …………………………… 129
スミス, J. ……………………………… 49
スミス委員会 ………………………… 55, 74
スミス卿 ………………………………… 61
政治システム ……………… 125-128, 147-149
成文憲法 ……………… 17, 110-112, 115, 116, 120
誓　約 ……………………… 15, 54, 74, 107, 157
総選挙
　1974年──── …………………………… 45
　1979年──── …………………………… 46
　1987年──── …………………………… 47
　1992年──── …………………………… 48
　1997年──── …………………………… 48
　2010年──── ………………… 51, 55, 72, 73
　2015年──── …………… 55, 56, 74, 120
　2017年──── …………………………… 57

た　行

タータン税 ……………………………… 60
大委員会 ……………………… 44, 64, 127
ダイシー, A.V. …………… 17, 23-25, 27, 117
第二次（第二回、二度目、二回目）独立レファ
　レンダム …………… 5, 28, 56, 78, 86, 102, 104
多層ガヴァナンス ……………………… 41
多層化された統治 ……………… 2, 11, 157, 161
多文化社会 ………………………… 144, 153
単一市場 ……………………… 5, 57, 157, 160
単一国家 ……… 2, 15, 16, 42, 77, 107, 116
追加議員制 …………………… 48, 51, 70
ディヴァイン, T.M. ……………………… 132
帝　国 ……………………………… 45, 135
ティンダル, W. ………………………… 133

166

適合性問題 ………………………… 69, 73, 96
同君連合 ……………………………… 9, 63, 150
統治権欠如 (no-mandate) 論 ………… 47
統治構造に関する王立委員会 (キルブランダン委員会) ……………… 12, 108-112, 115-119
ドナルドスン, G. …………………………… 133

な 行

ナショナリスト ……… 11, 18, 92, 102, 104, 121
ナショナリズム …… 15, 28, 45, 103, 125, 128, 129, 131, 143, 152
ナショナリティ ………………………… 128
二大政党 …………………………………… 42
西ロジアン問題 …………………… 14, 113
ネイション …… 3, 4, 12, 85, 98, 99, 101, 102, 105, 113, 119, 128, 151
ネガティヴ・キャンペーン ……………… 61
ノックス, J. …………………………… 133, 137

は 行

ハーディー, K. ……………………… 59, 150
バーネット・フォーミュラ ………… 64, 68
バーンズ, R. ……………………………… 149
ハイブリッド・ナショナリスト ……… 150
ハイブリッド・ナショナリズム …… 125, 129, 130, 135, 149, 152
ハイブリッド・ナショナリティ …… 138, 140, 146
ハイブリッド・ナショナリティ意識 ……… 141
パウロⅡ世 ……………………………… 137
バプテスト ……………………………… 137
ヒューム, D. …………………………… 150
比例代表制 ………………………………… 48
ヒンズー教 ………………………… 142, 144
ヒンズー教徒 …………………………… 144
付加価値税 ………………………………… 55
不均一 (性) …… 3, 13, 14, 16, 77, 78, 113, 114, 117, 119
不信任決議 ………………………………… 46
仏　教 …………………………………… 142
仏教徒 …………………………………… 144

(権限) 付与事項アプローチ ……………… 66
ブライアント, C.G.A. …………………… 127
ブラウン, G. …………………… 107, 121, 149-151
ブリティシュ …… 3, 115, 129-131, 138, 139, 146, 150-152
ブリティシュ・アイデンティティ …… 3, 43
ブルース, R. (ロバートⅠ世) ………… 149
ブルース, S. ……………………………… 136
ブレア, T. ……………………… 11, 65, 66, 71, 147
プレスビテリアニズム ……… 125, 132, 133, 136
プレスビテリアン …… 100, 133, 134, 140, 144
プレスビテリアン教会 ……………… 9, 21, 22
プロテスタンティズム ……………… 132, 133
プロテスタント …………………… 138, 140
プロテスタント行動委員会 …………… 137
ペイズリー, I. ………………………… 137
ベター・トゥギャザー …………………… 52
編入 (する) 連合 …………… 2, 10, 18, 25
ポーランド人 …………………………… 144
保守党 ……………………………… 45, 141
北海油田 …………………… 45, 53, 86, 88

ま 行

マコーシラン, T. ……………………… 134
マコーネル, J. …………………………… 50
緑の党 ……………………………………… 47
民主主義的正統性 ………………………… 51
メイ, T. ……………………………… 57, 78, 157
メイトランド, F.W. …………………… 17
名誉革命 ………………………………… 9, 136
モノ・ナショナリズム … 125, 129, 130, 138, 149, 152
モノ・ナショナリティ ……………… 139, 140

や 行

ユニオニスト ………………… 3, 15, 92, 107, 121
ヨーロッパ人権条約 … 67, 69, 73, 90, 91, 94-96, 98

ら行

留保権限 …………………………………… 4
留保（された）事項 …… 13, 67, 68, 73, 75, 77, 85, 93, 96, 113
（権限）留保事項アプローチ ………… 66, 75, 77
領域的憲法 ……………………………………… 2, 3
レファレンダム
 EC加盟継続 ……………………………… 19
 1978年スコットランド法実施 …… 12, 46, 48, 49, 65
 1997年権限移譲 ………… 11, 19, 28, 48, 49, 66
 2014年スコットランド独立 …… 1, 4, 15, 17, 41, 42, 51-55, 73, 74, 85, 92, 101, 103, 107, 108, 112, 120, 140, 157
 2016年EU離脱 …… 4, 5, 56, 78, 98, 103, 108, 116, 121, 157
連合国家 ………………………… 15, 16, 27, 42, 43
連合条約 …………………………… 9, 10, 17, 25-27
連合法（1707年の連合法（Union with England Act 1707））………………… 43, 135
連邦国家 …………………………………… 15, 50
連邦制 ………………………… 2, 77, 107-121
労働党 …………………………………… 41, 141
ロバートソン, W. ……………………………… 134

英文

Brexit …… 4, 5, 28, 89, 98, 101-105, 108, 120, 157-161
EU離脱 ………… 56-58, 85, 98-101, 104, 142
EVEL ……………………………… 14, 113, 118
SNP（スコティシュ・ナショナル党）…… 1, 5, 11-13, 16, 41, 42, 45, 46, 49-52, 56-58, 65, 70, 71, 73, 74, 77, 92, 101, 108, 120, 121, 140-142, 149, 152
UK最高裁判所 …… 69, 72, 73, 85, 89-100, 104, 114

執筆者紹介 （執筆順，＊は編著者）

〔①所属・職名，②専門分野，③本書に関連する代表的著作〕

＊倉持　孝司（くらもち　たかし）　はしがき，序章，第1章，第4章（翻訳），第5章（翻訳），終章，本書関係のスコットランド年表

① 南山大学法務研究科教授
② 憲法研究（とくに，イギリス憲法研究）
③ 「イギリス憲法改革と地域的権限移譲——スコットランド」比較法研究78号（2017年），倉持孝司・松井幸夫・元山健共編著『憲法の「現代化」——ウェストミンスター型憲法の変動』（敬文堂，2016年）

力久　昌幸（りきひさ　まさゆき）　第2章

① 同志社大学法学部教授
② イギリス政治研究
③ 『スコットランドの選択——多層ガヴァナンスと政党政治』（木鐸社，2017年），「イギリスは分裂するのか——地域分権とイギリスの将来」（梅川正美との共著）梅川正美・阪野智一・力久昌幸共編著『現代イギリス政治（第2版）』（成文堂，2014年）

松井　幸夫（まつい　ゆきお）　第3章

① 関西学院大学名誉教授
② 憲法研究（とくに，イギリス憲法研究）
③ 松井幸夫「憲法の『イギリス・モデル』とイギリス『憲法改革』」佐藤幸治・平松毅・初宿正典・服部高宏共編『現代社会における国家と法』（成文堂，2007年），倉持孝司・松井幸夫・元山健共編著『憲法の「現代化」——ウェストミンスター型憲法の変動』（敬文堂，2016年）

ジョン・マケルダウニィ（John McEldowney）　第4章

① イギリス・ウォーリック大学法学部教授
② 憲法・行政法研究
③ 「展開・改革・変化の中のイギリス公法——展望と論争」（愛敬浩二・宮内紀子共訳）名古屋大学法政論集268号（2016年），「変化するイギリス憲法の下での国会」（倉持孝司・杉山有紗共訳）倉持孝司・松井幸夫・元山健共編著『憲法の「現代化」——ウェストミンスター型憲法の変動』（敬文堂，2016年）

クリス・ヒムズワース（Chris Himsworth）　第5章

① イギリス・エディンバラ大学名誉教授
② 憲法・行政法研究
③ 「イギリス憲法の諸相——スコットランドの観点から」（愛敬浩二・本庄未佳共訳）名古屋大学法政論集271号（2017年），「連合王国におけるスコットランド」（松井幸夫訳）倉持孝司・松井幸夫・元山健共編著『憲法の「現代化」——ウェストミンスター型憲法の変動』（敬文堂，2016年），「スコットランドにおける権限移譲」（松井幸夫訳）倉持孝司・小松浩共編著『憲法のいま——日本・イギリス』（敬文堂，2015年）

梅川　正美（うめかわ　まさみ）　第6章

① 愛知学院大学法学部教授
② イギリス政治研究
③ 「イギリスは分裂するのか——地域分権とイギリスの将来」（力久昌幸との共著）梅川正美・阪野智一・力久昌幸共編著『現代イギリス政治（第2版）』（成文堂，2014年），『サッチャーと英国政治2』（成文堂，2001年）

Horitsu Bunka Sha

「スコットランド問題」の考察
――憲法と政治から

2018年8月5日 初版第1刷発行

編著者	倉持 孝司
発行者	田靡純子
発行所	株式会社 法律文化社

〒603-8053
京都市北区上賀茂岩ヶ垣内町71
電話 075(791)7131 FAX 075(721)8400
http://www.hou-bun.com/

＊乱丁など不良本がありましたら、ご連絡ください。
お取り替えいたします。

印刷：㈱冨山房インターナショナル／製本：㈱藤沢製本
装幀：前田俊平

ISBN978-4-589-03939-2

Ⓒ2018 Takashi Kuramochi Printed in Japan

JCOPY 〈(社)出版者著作権管理機構 委託出版物〉

本書の無断複写は著作権法上での例外を除き禁じられています。複写される場合は、そのつど事前に、(社)出版者著作権管理機構(電話 03-3513-6969、FAX 03-3513-6979、e-mail: info@jcopy.or.jp)の許諾を得てください。

戒能通弘・竹村和也著
イギリス法入門
―歴史，社会，法思想から見る―
A5判・200頁・2400円

イギリスの歴史，社会および法思想をふまえ判例法主義，法律家制度，陪審制，法の支配などイギリス法の特徴を日本法と比較しつつわかりやすく解説。また最新動向にも言及。イギリスのEU離脱やプレミアリーグを扱うコラムもあり，親しみやすい。

杉田 敦編
デモクラシーとセキュリティ
―グローバル化時代の政治を問い直す―
A5判・224頁・3900円

政治理論が主に考究してきたデモクラシーの問題と，国際政治学が主に扱ってきたセキュリティの問題がグローバル化の中で交差している。第一線の政治学者・国際政治学者が境界線の再強化，テロリズム，日本の安保法制・代議制民主主義の機能不全などの政治の諸相を深く分析。

岡部みどり編
人の国際移動とEU
―地域統合は「国境」をどのように変えるのか？―
A5判・202頁・2500円

欧州は難民・移民危機にどう立ち向かうのか。難民・移民への対応にかかわる出入国管理・労働力移動・安全保障など，諸政策の法的・政治的・経済的問題を実証的かつ包括的に考察する。

永田秀樹・倉持孝司・長岡 徹・村田尚紀　倉田原志著
講義・憲法学
A5判・376頁・3400円

憲法学の本格的体系書。総論では日本国憲法を理論的・歴史的に位置付け，人権分野では表現の自由，生存権・労働権の展開を詳細に論じ，統治分野ではドイツの憲法訴訟・理論をふまえて最新の動向を解説。

倉持孝司編
歴史から読み解く日本国憲法〔第2版〕
A5判・256頁・2600円

歴史からの切断を行った2014年7月閣議決定と2015年9月安保法強行採決。戦後憲法の原点と現在をより深く読み解くために沖縄と家族の章を新設したほか，時代状況に即して本文の内容を大幅に更新，コラムを差替え。

―法律文化社―